小学館文庫プレジデントセレクト

プロフェッショナルセールスマン

神谷竜太

小学館

はじめに
「イチローの年俸をどうしたら超えられるだろうか?」

こんなことを大まじめに考えていた男がいる。

彼はプロのアスリートでもなければ、ベンチャーの経営者でもなければ、敏腕トレーダーでもない。では何者かというと、一介のセールスマンである。

ただひとつ、一般的な会社勤めのセールスマンと違うのは、フルコミッションのセールスマンという点である。前年の一〇倍売れば、報酬も前年の一〇倍になるのだから、じつにわかりやすい。
仮に、イチローの年俸が彼の一〇倍であるとしたら、彼は前年の一〇倍売ればイチローと並ぶ計算になる。一一倍売れば、超えることができる。現実的には難しいとしても、可能性はゼロではない。彼のことをよく知る者たちなら、きっとこう言うはずである。

「うん、ありえるね。イチローを超えて、またひとつ、伝説をつくってほしい」

男の名前は、甲州賢（こうしゅう・まさる）という。
大学卒業後、JTBとリクルートで法人営業を一〇年半にわたって経験したのち、外資系の生命保険会社であるプルデンシャル生命からヘッドハンティングを受けた。ライフプランナーと呼ばれる仕事に秘められた可能性に魅了され、キャリアを一から再スタートさせることを決意する。それから約一一年のあいだに、生命保険のセールスマンとして、甲州は次のような業績を残している。
◇契約件数は三〇八〇件を数える。とくに最初の二年間には件数五五四件、毎週平均五・五件の生命保険を一〇〇週にわたって販売し続けた。
◇社内表彰制度において、入社八年目・九年目の二年連続でチャンピオンになる（全国約三〇〇〇人のライフプランナーのなかの第一位）。大きな波のないコンスタントな業績で、初年度は一〇月入社のため営業日数が実質四か月半だったのにも関わらず、一三三位に。二年目から六年目はつねに二〇位前後、後半はつねに五位以内のランクだった。
◇プルデンシャル生命のキャリアには、マネージャーコースと、プロのセールスを極めていくコースがあるが、甲州は後者を記録的なスピードで昇り詰めていった。認定条件などは本書では割愛するが、シニアライフプランナーには一年一か月（全社平均は三年一一か月）で、エグゼクティブライフプランナーには四年七か月（同九年六か月）で到達した。

甲州の活躍は、生保業界という枠にとどまらない。ビジネス誌からは取材を受け、『話し方入門』や『これがビジネスマンの秘密兵器だ』といった特集記事に登場した。大手百貨店やホテルなどさまざまな業界からは講演の声がかかり、自らのセールス哲学や体験を語った。

甲州の話には強いインパクトがあった。彼の口から語られる言葉を聞いた者は、誰かに話さずにはいられない。その誰かもまた、誰かに話さずにはいられない。そうやって、甲州のエピソードは人から人へと語り継がれ、伝わっていく。

つまり、彼は〝伝説のセールスマン〟だったのである。

そんな甲州が突然倒れ、そのまま眠るように、この世を去ってしまった。四三回目の夏を迎えようとしていた、ある晩のことだった。

周囲の仲間たちは、悲しみと途方に暮れながらも、こう考えた。

甲州という男が遺していったセールス体験や、後輩たちに教えていたセールス道は、一人でも多くの者に受け継がれなければならない。

その思いは翌年の春、二冊の追悼本というかたちになり、プルデンシャル生命の約四〇〇〇人の社員たちに配られた。社員たちの多くは、〈キレ者・一匹狼・天才肌〉といったイメージを甲州に描いていた。だが、実際には〈ユーモラス・仲間思い・努力型〉の人間であったことを追悼本から知らされる。二年連続チャンピオンの栄冠も、病いと闘いながら手にしたものであったことに、多くの社員は心を動かされた。

その本を読んだ者たちは、こう考えた。甲州のことをもっと広く、世の中の人たちに知ってほしい。こうして生まれることになったのが本書である。

セールスパーソンは、自らの仕事をいかに創造的なものにできるのか？

プロというのは、なにを与え、なにを得る人たちのことを指すのか？

人間には、どこまでの可能性が潜在しているのか？

そんな問いと私たちを対峙させてくれる、甲州賢という男の伝説をお届けする。

甲州伝説Ⅰ

セールスのためにここまでやるか⁉

甲州賢という男の発想や言動は、その場に居合わせた者たちが想像できる域を遙かに超えていた。セールスのためなら、ここまでやるのか！

この章では、数ある甲州伝説のなかでも、とくにインパクトの大きな話を集めた。

ＪＴＢ～リクルート～プルデンシャル生命と、甲州がセールス人生を歩んだ道順に沿って紹介する。

「お宅の前に五〇円玉が落ちていましたので、お届けに参りました」

絶対無理と言われた業界の常識を打ち破って新規開拓

大学を卒業してＪＴＢへと就職した甲州は、修学旅行課で六つの私立女子校を担当し、年間一〇〇日を超える添乗業務で全国各地へと飛び回っていた。目の回るような忙しさの添乗先からも、担当校の教師たちへ絵葉書を送っていた甲州の姿を元同僚は覚えている。添乗から戻ると、ハキハキと元気な声で挨拶をしながら、職員室に顔を出す。仕事のスピードも速く、朝いちばんで求められた資料は、昼前には届けていた。

そんな姿を見ていた教師たちは、個人の旅行の手配を甲州へどんどん頼むようになっていく。ありがたいことではあったが、旅行会社といえども、チケットがかならず入手できるわけではない。大学時代の後輩たちに頼み込んで、羽田空港のキャンセル待ちカウンターに並んでもらったこともあった。それでも、チケットを確保できないときもある。しかし、文句を言う教師はいなかった。

「甲州さんったらさぁ、そこまでやってくれたんだよねー」

職員室のあちらこちらへと、甲州の評判は広まっていった。

自分なりのサービスを教師たちから喜んでもらいながらも、甲州はどこか満たされない気持ちを抱いていた。修学旅行は、既存取引校に対して、いかに手厚く仕えるかという守りのビジネスと言える。

とにかく、何事もなく、信頼関係を維持していけばいい。

そこが甲州には物足りなかったのである。しかし、競合他社も取引校をがっちり守っていて、新規開拓などほぼできないというのが、当時の業界の常識だった。

本当に無理なのだろうか？

そう考えた甲州は、新規セールスに挑んでみることにした。

いくつかの候補のなかから、ある私立女子校に狙いを絞り込んだ。ところが、守衛が門番のようにガードを固め、なんど通っても校内へ入れてはもらえない。そこで甲州は奇策に出る。理事長の自宅を訪ね、専務理事でもある夫人から攻めることにしたのだ。通うこと数回、そう簡単に扉は開かない。

ここから先の展開は、リクルートやプルデンシャル生命の同僚や顧客にも、甲州は楽しげに語っていた。ある契約者の社長は、いまもその話をよく覚えている。


まともにアプローチをしても門前払いされるだけだと踏んだ甲州は、一計を講じた。インターフォン越しにいつも通りの簡単な自己紹介をしたあと、こう言ったのだ。

「商店街で美味しそうなコロッケが売っていたので、買って参りました!」

すると、どうだろう。根負けした夫人が姿を現し、応接室へと通されるではないか。しかし、セールスへの色よい返事まではもらえなかった。

数日後のことである。甲州は再び、理事長宅の扉の前に立っていた。前回と同じ手を使うわけにはいかない。甲州は財布から小銭を取り出し、インターフォンに向かって言った。

「五〇円玉がお宅の前に落ちていたので、お届けに参りました！」

このようにして夫人の心をつかんでいった甲州は、学校への出入りを許されるようになった。コツコツと教師たちとの信頼関係を築き、修学旅行を担当する学年主任の心もがっちりとつかみ、競合他社の牙城をガラガラと崩し始める。そしてついに、修学旅行、しかも海外という大型受注を成し遂げたのだった。

なおも甲州は、その手を緩めない。教師たちとの海外への現地視察には、炊飯釜とコシヒカリを持参した。教師たちが日本食を恋しくなる頃合いを見計らって、ホッカホカのおにぎりをふるまったのである。

「A社さんに融け込めるよう、ジーンズで訪問しましょう」

ジーンズメーカーへの訪問営業でキーマンを引っ張り出すために

新任の挨拶に甲州が初めて訪ねて来たとき、S氏は心のなかでこう呟いた。

「また新しいヤツか……。どうしてこうコロコロと営業担当者が変わるんだ。うちのことをなにも知らないだろうに、ロクな提案もできまい」

JTBからリクルートへと転職して六年目、甲州が前任者からの引き継ぎで出会ったのが、ジーンズメーカーA社のS部長だった。新卒採用広告の打ち合わせで頻繁に訪ねるようになるが、S氏はその対応を部下に任せ、距離を置いていた。

そんなある日、S氏は我が目を疑う。いつもはビシッとしたスーツ姿の甲州が、ウォッシュのかかったジーンズを履いて現れたのである。自社の製品であることは一目でわかった。甲州とチームを組んで広告を制作するK嬢も、ジーンズ姿だった。全員がジーンズで勤務しているA社に融け込めるように「同じ格好で訪問しましょう」と甲州から強制されたのだ。A社へと向かう途中、甲州はいきなりK嬢のシャツの背中をまくり上げ、お尻のタグマークを確認して言った。

「大丈夫、A社製ですね」

S氏もK嬢も、甲州のジーンズ姿には同じ感想を抱いた。

「なんて似合っていないんだ。妙な格子柄のネルシャツ、革靴、それに営業カバン。このコーディネートはないだろう……」

カッコわるい印象ではあったが、甲州の存在はS氏の脳裏に焼き付いた。

S氏と甲州が膝を突き合わせたのは、出会いから半年後の正月のことだった。広告提案に向けた話をしたいと申し出た甲州に、半ば拒絶の含みを持たせたつもりでS氏は言った。

「師走は時間がとれないんだよ。年末年始の休暇中なら大丈夫だけど」

「ご心配にはおよびません。私は三六五日・二四時間の男ですから！　では、うちの本社の応接室をおさえておきます」

　あまりにさわやかな反応に、S氏は思った。この男は、いいヤツなのかもしれない。

正月休みのためにガランとしたオフィス街のビルで、二人は面会した。気がつくとS氏は、二時間にわたって喋りっぱなしだった。大半は世間話であるが、甲州はまったく話を遮ることなく、ニコニコと聞いていた。仕事の話は最後の五分間だけだった。

　その日を境に、S氏は甲州を会社に呼んでは五、六時間と世間話をするようになり、二人の距離は急速に縮まった。翌朝の草野球に欠員が出て困ったS氏が、野球部出身の甲州に急きょ相談したことも一度や二度ではない。甲州はいつも、職場の後輩たちを連れて助っ人役を果たした。

　甲州がリクルートを退職してからも、二人の付き合いは続いた。真っ先に自分のもとへ生命保険のセールスに来てくれたことを、S氏は誇らしげに感じていた。

「一生、僕がSさんのライフプランナーです」

　その言葉を聞いてS氏は安心した。採用広告とは違って、生命保険はコロコロと担当者が変わるようなことはないのだから。

甲州とはなんでも語り合ってきたS氏にも、ひとつだけ知らない話があった。初めて二人でじっくり話をした正月の一週間前のこと、S氏の父親が亡くなった。その訃報を聞いた甲州は、ハッとした。数日前に、庶務課へと渡してしまっていた年賀状のことを思い出したのである。

「おめでとうございます、という挨拶がSさんに届くなんて、あってはなりませんよね」

K嬢にそう言い残すや否や、甲州は都内の営業所からの郵便物が集まる本社のメールセンターへと駆けていった。K嬢は思った。収集された年賀状の総数たるや、数十万通はくだらないはずで、まず見つかるわけなどない。だから、その二日後に、甲州が嬉しそうな顔で駆け寄って来たときの光景をK嬢は忘れられない。

「ありましたよー」と声を弾ませる甲州の手には、一枚の年賀状が握られていた。

「そんなこともあろうかと思いまして、じつはもう一案……」

どう展開してもいいように、客先に一六種類の手書きの提案書を持参

プルデンシャル生命へ転職してからの約二年間、個人保険を中心にセールスをしていた頃のことである。ビジネスマンたちが羽を伸ばせる金曜日の夜が、甲州にとってはもっともタイヘンな時間だった。見込み客夫妻が揃う土日にアポイントを入れておくため、プレゼンテーションの準備に追われていたからだ。

甲州は平日のうちに世帯主である夫に会い、将来のプランや生活費など家計の概要

を聞いておく。だがこれがあまりアテにならない。そこで、いちど金額をまとめた資料を夫にファクスで送り、夫人にも事前に確認してもらうように依頼していた。こうすることで、生命保険の設計精度を上げるのと同時に、夫人にも生命保険の話に参加している意識を持ってもらうことができる。土日に訪ねたときのハードルを下げておくわけだ。

もちろん、夫人への気遣いは当日こそが重要である。最寄りの駅を降りた瞬間から、会話の糸口になるものを探しながら歩いていく。自宅では、玄関からリビングに通されるあいだに、あらゆるものを観察する。傘立て、スリッパ、絵画やオブジェ、テーブルやソファー、カーテン、照明といったモノのなかには、夫人の価値観が表現されている。地塗りの器があれば、どちらで買われたのですかと聞いてみる。休日の明るい時間帯に、「ご主人がもし亡くなったら」という重たい話をしなければならない。夫人と会話を交わしたり、調度品などをさりげなく褒めたりすることで、心を開いてもらう必要があるのだ。

入念な準備をして臨んでも、ベストプランとして勧めたプレゼンシートの内容で決まるとは限らない。「ここまで高額の保障はいらない」「いまは出費を抑えておきたい」など、さまざまな反対理由が夫人から出てくる。

甲州はすぐには迎合しない。なぜなら、その家族の描く夢や生活を考えたとき、必須となるベストの保障額を提案しているからだ。とはいえ、甲州は無理強いもしない。しばしの沈黙がながれる。「やっぱり、うちにはこのプランは違う」と、考え抜いた上で夫人が言う。すると甲州は営業カバンに手を入れ、別のプレゼンシートを取り出す。

「そんなこともあろうかと思いまして、じつはもう一案だけ、プランをつくって参ったんです」

そう言ってテーブルの上に置かれたプレゼンシートは、たったいままで夫人の話していた要望が、すべて解決される設計になっている。じつは甲州は、当日にどんな展開になっても対応できるよう、一六種類のシートをいつも用意していたのだ。

最初からベストプランを見せるとは限らない。ノーと言われるであろうプランを始めに見せ、顧客が自ら選んだ印象が残るようにと、二案目・三案目にベストプランを提示することもある。訪問時に相手のタイプを素早く見極め、どうしたら気持ちよく契約してもらえるかを甲州はつねに考えていた。

しかし、こうした数々の努力を水泡に帰してしまうのが、幼い子供である。甲州といえども泣く子には勝てない。ぐずってしまうと夫人と話ができなくなってしまう。

やがて甲州は、秘密兵器を持参するようになった。

「おじさんね、お母さんたちとお話があるから、ちょっとお絵描きしない？　ほら、プレゼント。ポケモンの《ぬりえ》と、色えんぴつだよ。見て見て。三二色もあるんだ」

一六色の色えんぴつでは喜ばないが、三二色ともなると子供の目の色は変わって、《ぬりえ》に没頭してくれるものなのだ。


甲州が用意していたプレゼンシートは、いまではパソコンからカラープリンターへ瞬時に出力される。だが、甲州が新人だった頃は一枚一枚、ペンだこのできた自らの指で蛍光マーカーを持ち、図表の色を塗り分けるという手作りのシートだった。

当時、甲州が土曜日曜に行なっていた商談は平均八件。一件につきシートは一六種類。子供にお絵描きを勧める前の金曜の晩に、甲州自身が一〇〇枚以上の《ぬりえ》と格闘していたのである。

「運転手さん、東京まで一〇万円で乗せていただけませんか？」

新幹線の最終便を逃し、翌朝のアポのため、大阪からタクシーで帰京

その日、甲州は大阪へと来ていた。

商談を終えたあと、契約者との夕食を時間を忘れて楽しんだ。

「いやあ、お話しできて楽しかったわ」

「こちらこそ、お忙しいなか、ありがとうございました」

「そういえば甲州さん、今日、東京に帰らはるんですよね」

「はい」

「えらいすんませんな、遅くまでお付き合いさせてもうて」

「とんでもございません。こちらこそ」

「最終の新幹線、まだ大丈夫やろか」

すでにこのとき、新大阪に駆けつけたとしても、最終便に間に合う時間はとうに過ぎていた。もちろん甲州はそのことをおくびにも出さない。

「私のことはご心配なさらないでください。東京へはタクシーでも帰れますから」

「ハハハ、甲州さんって、おもろいお人やな。こっからタクシーで東京まで帰りはるなんて、ハハハハハ、そんな冗談でっしゃろ」


冗談ではなかった。

上機嫌の契約者と別れて数分後、甲州は一台のタクシーをつかまえた。

「運転手さん、東京までお願いできますか？　朝いちばんでお客さまとのお約束が入っていまして、準備があるので、七時には向こうに着きたいんです。じつは持ち合わせがないので、東京まで一〇万円で乗せていただけませんでしょうか？」

本来の運賃は小型車なら一四万円ほどかかるが、運転手は快く引き受けてくれた。

うたた寝をする甲州を乗せ、タクシーは約五〇〇キロメートル東を目指して、ひた走る。そして翌朝、何事もなかったかのように、甲州は支社へと立ち寄った。

書類の最終チェックをしているところに電話が鳴った。これから会おうとしている顧客からである。予定が入ったためアポイントの日を変更してほしい、という連絡だった。

努めて冷静に受け答えし、受話器を置いた甲州は、思わず声をもらして、笑わずにはいられなかった。

「ハハハハハ、そんな冗談でっしゃろ」

「社長さんたちがどれだけ忙しいのか、わかっているのか？」

留守番電話のメッセージを一日になんども更新

プルデンシャル生命に入社して五年目のことである。その日、甲州が商談を進めている法人へ、支社長のSが同行サポートすることになっていた。待ち合わせ時刻の一〇分前に、S支社長のケータイが鳴った。

「Sさん、いま、どちらですか？」

「駅を出て、大通りをそっちに向かってるから」

「わかりました。お待ちしています」

た。


五分後、再びケータイが鳴った。

「どうした甲州、なにかあったのか？」

「あのー、Sさん、まだですか。僕、待ってるんですけど」

「まだ五分あるだろ。それにさ、もうお互いが見えてる距離まで来てるよ、ほら」

半ばあきれたように返事をしながら、S支社長はケータイを耳から離して手を振っ
甲州は、一時間半前に最寄り駅に着き、喫茶店を三軒ハシゴしながら待っていたのだと言う。

「いくらなんでも早すぎるだろ。それに三軒って、お前はホントーに落ち着かないやつだねー」

自分がされて嫌なことは、甲州は人には絶対にしない。待たされるのが嫌いだから、人を待たせないよう、いつも待ち合わせ時間よりもたっぷり余裕を持って到着するようにしていた。すると、かならず甲州が待たされることになる。そこで、ついイライラしてしまう。しかし、相手を待たせるのは自分の流儀に反するから早めに行く。すると、また……。無限ループである。

あるとき、約束の一〇分前に待ち合わせ場所へやって来た後輩に、甲州は言った。

「オマエ、遅いよー。トイレ我慢して待ってたから、漏れそうだよぉー」

社会人一年目から、時間にはもともと厳しかった甲州だが、プルデンシャル生命に転職し、とくに法人との付き合いが増えてからは、待ち合わせ時間はもちろんのこと、クイックレスポンスにも拍車がかかった。

ゴルフや食事を共にした場合は、その日のうちにお礼のメールを送った。訪問した際に送付の約束をした書類は、遅くても二日後、早ければ翌日には届くようにアシスタントへ指示を出していた。急ぎではない書類がすぐに届くというだけでも、社長たちには甲州の律儀さが強く印象づけられていった。

電話対応も速かった甲州は、後輩からの折り返し電話が遅いと、かならずこう言って注意した。

「遅いよー。二時間もなにやってたんだよ。これって、法人だったらもうアウトだぞ。社長さんたちがどれだけ忙しいのか、わかってるのか?」

どうして連絡がこないんだ。いつになったら来るんだ。待たされるのが嫌いな甲州は、そんな思いを相手にさせることなど考えられなかったのである。

甲州のケータイに電話をかけ、留守電につながったときには、こんな応答メッセージが流れる。

「はい、甲州です。お電話ありがとうございます。×時まで商談中のため、電話に出られません。×時にこちらから、おかけ直しいたします」

そして、×時きっかりに電話がかかってくる。

「甲州さん、もしかして、アポイントのたびに、ああやってメッセージを入れ直しているの？」

そう尋ねる相手に、甲州は事もなげに答える。

「はい。でも、多いときでも一日五回程度ですよ」

「オレはマンホールの上は歩かない」

顧客のために自らに課した数々のルールとは

セールスにとってデメリットになることは、いっさい排除する。

甲州は生命保険の仕事を始めるにあたって、自分自身に禁止事項を設けた。タバコと夜八時以降のカロリー摂取を止めたのである。三二歳と中年の域に差し掛かってはいたが、〝健康のために〟という発想によるものではなかった。

禁煙の理由については、社内の新人向けセミナーでこう語っている。

「契約者のご主人は、そんなに気にされないかもしれません。でも、ご自宅を訪問したときに奥さまがどう思うでしょうか。スーツや指先に染みこんだ匂い、ヤニで黒くなった歯、それを快く思う奥さまなんて、一人もいませんよね」

健康に害のある煙を吸い込んでいるその口から、これから一生のお付き合いをさせていただきますと言ったところで、なんの説得力もない。だから、一日に二箱は吸い続けてきたハイライトを甲州はピタリと止めたのだと言った。

そしてカロリー制限の理由については、こう続けた。

「僕らの仕事はスーツをビシッと着こなして、まずはいい印象を持たれないといけませんよね。つまりは、体型維持も仕事のうちだと思うんです。たとえば、法人客を開拓していく際に、社長さんから、自己管理ができていないヤツという印象を持たれたら損だなと考えました」

長年にわたる習慣をキッパリと捨て去ることで、「オレは本気でこの仕事に打ち込んでいくんだ」と、自らに言い聞かせる意味もあった。だが、禁煙とカロリー制限という禁止事項だけでは、甲州にとってはまだまだ不足だったらしい。

仲のいい後輩には、こんなことまで話していた。

「オレはマンホールの上は歩かないんだ」

万が一、フタが外れて穴に落っこちて大ケガでもしたら、お客さまとのアポイントに行けないから、という理由である。

「それと、地下鉄には、できるだけ乗らないようにしてる」

ケータイの電波が届かず、契約者からの緊急の連絡に気付かないでいると、ご迷惑をかけるから、という理由である。


そして、もうひとつあるんだ、アポイントをぎっちぎちに入れてた新人の頃のことだけどさ、と甲州は続けた。

「オレは店で天丼とか食うとき、身から衣をきれいに外して、衣は食べないようにしてたんだ」

カロリー制限を考えて食べなかったわけではない。もしも、古くなって汚れた油を使った天ぷらだったらどうなるか。腹を壊してしまう。すると、トイレに駆け込まざるをえないことになる。

「そんなことでお客さんのアポイントに遅れたらタイヘンだろ」と甲州は言った。

甲州伝説Ⅱ

後輩たちに受け継がれた営業道

エグゼクティブ・ライフプランナーという職位にある者が、同じ支社に所属する後輩数人に対して、専属トレーナーのようにスキルを伝承していく――。その名も〝マイスター制度〟が開始されたのは、二〇〇七年春のことだった。以前から仲間たちへの面倒見が良かった甲州は、真っ先に手を挙げて、四人の後輩たちを育てはじめる。

彼らとの毎週月曜のミーティングやふだんの会話、支社の若手全員を対象に甲州が自主開催した勉強会、社内の新人向け研修など、さまざまな機会を通して伝承された〝甲州流セールス道〟。まずは、顧客に対して、どうあるべきかというテーマから紹介する。

「逃げも隠れもしない。一生お付き合いする覚悟を伝えたい」

自宅の住所と電話番号も名刺に刷る

「これからお客さまとは、一生のお付き合いになります」

生命保険を提案するライフプランナーたちが、契約者に伝える言葉のひとつである。

もちろん、これは間違いではない。生命保険は契約しておしまいという商品ではないからだ。出産や入院、転職などによる内容の見直しや、転居や口座変更など、契約後も事務手続きが必要となる保全業務は数多い。保険金を支払う万が一のときまで、契約者との関わりはずっと続いていくことになる。

だが、「一生の付き合い」という言葉をどう位置づけているかは、ライフプランナーによってさまざまではないだろうか。甲州にとっては、「覚悟」と同義の重みを持つ言葉であった。

六〇歳で定年を迎えるまで全契約者への保全を続けるには、つまりはなにかあったときに全国各地の契約者たちのもとへ駆けつけて対応するには、どれだけのコストを見込んで資金をストックしておけばよいのか。自分の定年後に契約者を引き継いでくれる後継者をどう育てていけばよいのか。六〇歳というゴールから逆算して、甲州はなすべき行動を考え、手を打ってきた。一生の付き合いとは、そういうことである。

そんな覚悟を示すために、甲州は契約者へ渡す名刺に、二四時間いつでも着信できる携帯電話の番号はもちろん、自宅の住所と電話番号を刷っていた。自宅を新築して引っ越しをした際にも、すぐに一斉に伝えた。

逃げも隠れもしない。一生お付き合いするスタンスを契約者に伝えたい。甲州はそう考えていたのである。

「保険屋が保険を売って どこがいけない。正々堂々と セールスしろ」

断られて 傷つくことへの恐怖に 支配されないために

「自分にはメンタルブロックはない」と、甲州は公言している。

自動車や住宅は、客の側から「買いたい」と言ってやって来てくれる。だが、生命保険を自ら買いに来る者はほとんどいない。売り込まれるのを歓迎する者もほとんどいない。「あなたに万が一のことが起こったとき」などという話は誰だって聞きたく

ないものだ。セールスでかけた電話の向こう側から、あるいは対面した真正面から、
『保険』の二文字を出した途端に相手が拒絶する気配が伝わってくる経験は、生命保険のセールスパーソンなら誰もが持っている。
「生命保険ならもう間に合っている」
「保険屋は嫌いだから会いたくない」
こうした反応が続くと、どうせ次もダメだろうというあきらめや、断られて傷つく
ことへの恐怖に支配され、セールスができなくなってしまう。セールスパーソンたち
のあいだで〝メンタルブロック〟と呼ばれる、心理的な障壁である。

社長たちが集まる場への出入りが叶ったにも関わらず、メンタルブロックのために
誰にも声をかけられずにいる同僚に、甲州はこんなアドバイスをした。
「そもそもさ、どういう目的で、その会合に通ってるんだっけ？」
「生命保険の法人契約をいただくためです」
「だったら、どうして話しかけて、生命保険の話をしないの？　クルマ屋さんは新型
ハイブリッドカーが発売されたら、カタログ持って売り込みに行くよね。住宅屋さん
は新しいマンションができたら、完売するまでセールスをするよね。

保険屋が保険を紹介してなにがいけない。正々堂々とセールスをすればいいんだよ。保険屋が保険を売れなくなったら、自分には向いていないと思ってきっぱり辞めたほうがいい」

メンタルブロックのない甲州は、スーツをつくるために立ち寄った仕立屋でも、採寸をする主人に姿見越しに話しかける。

「生命保険の話をいちど聞いてもらえませんか。かならずお役に立ちますから」

すると、仕立屋の主人はこう言った。

「うちには保険屋のお客さんがたくさんいらっしゃいます。なんども通ってくださるかたも多いのですけど、セールスをしていただいたのは初めてですよ。なぜ皆さんおっしゃらないのか不思議だったんです。甲州さんのお話、ぜひ聞かせてください」

「〝相談に乗ってもらって良かった〟と感動される話をします」に

契約者に心理的不安を与えることなく見込み客を紹介してもらうために

メンタルブロックのせいで次の行動に踏み出せなくなってしまうのは、セールスをする側に限ったことではない。セールスを受ける側、顧客もメンタルブロックを持ってしまうものなのである。

生命保険セールスにおいて重要な、顧客からいただく見込み客の紹介について、甲州は社内取材のインタビューでこう語っている。

〈お客さまには「甲州さんに相談に乗ってもらってよかった」と感動していただける話をします。そうでなければ、その方に見込み客の紹介を求めても、メンタルブロックをかけてしまいますし、紹介された側にも生命保険に対するメンタルブロックが元々あります。だから、プルデンシャル生命という会社の生命保険ではなく、「甲州という人間」を紹介したくなるような話をすればいいのです〉

「生命保険」ではなく「甲州さん」であれば、契約者は心理的負担や気兼ねを感じることなく、気軽に知り合いに紹介ができる。そして、契約者の知り合いも、気軽に紹介を受けることができる。

そんな心理に配慮して、生命保険を〝セールスする〟のではなく、万が一のときに生じるであろう問題点に気付かせ、その〝解決法をわかりやすく語る〟スタンスを甲州は守っているのである。

自分自身のメンタルブロック克服であがいているうちは、到底、顧客のメンタルブロックにまで気が回らないものである。だから、甲州はこう言っている。

「メンタルブロックがあるうちは、まだまだ三流」

「チャンスは、相手がいっぱい与えてくれているものです」

ゴルフ後の食事は、セールスを切り出す絶好のタイミング

契約者の社長から、知り合いの社長を紹介される。まずはゴルフでも回りましょうと、話が進む。このチャンスを活かせていないライフプランナーが多いことは、社内のセールス勉強会で、次のような質問が繰り返されることが物語っている。

「甲州さんは、お客さまとゴルフを共にするとき、いつ、どうやってセールスの話を切り出しているのですか？」

甲州は深く頷きながら、こう答える。

「じつは、話を始めるチャンスは、相手がいっぱい与えてくれてるんです。たとえば、〝どんな仕事をやってるの？〟と話しかけられますよね。これは相手が自分に対して興味を持ってきたときだといえますから、ここで一気に言うんです。

ただし、そういう場面を事前にイメージしておくことが大切です。準備ができていないと、言葉がスーッと出てきませんから、あとで言えばいいやと先送りして、せっかくのチャンスを自分でみすみすつぶしてしまうものです。

ラウンド中はセールスの話はいっさい口にしないでゴルフを楽しんで、食事のときに言うのが、いちばん効果的です。紹介をくださった契約者や仲間たちの目もある場ですから、相手のかたは、こちらからのセールスを無下に断るわけにもいきませんよね。

とにかく、一緒にラウンドしたその日に、かならず僕は言います。正々堂々と自信を持って言えばいいんです。

絶対にお役に立つ話をしますので、いちど生命保険の話を聞いてください、と」

帰宅後のフォローの大切さについても、甲州は付け加える。

「ゴルフ場から帰宅したら、ゆっくり休むのを少しだけ堪えて、その晩のうちにメールを送ります。あのホールのショットが良かったとかゴルフの話題から入って、そこでもういちど、こんど話を聞いてくださいと書いておく。そして後日、電話するんです」

相手がチャンスをくれるということだが、もしこちらに興味を示してくれなかったら、つまりチャンスをもらえなかったら、どうしたらいいのか？　その問いに甲州はにこやかに冗談めかして答える。

「ふつうに考えてみてください。一日中ご一緒したのに、なにも話を振ってもらえないほうがおかしい。それは、言動とか態度とか身なりとか、自分になんらかの問題があると思ったほうがいいですね。まず、ふだんの自分を見つめ直してみることです」

「〝お得だったから〟と言われたら、もう負けだよ」

顧客の口から損得を超えた言葉が出るか否かがバロメーター

甲州は後輩たちに、なんども繰り返し伝えていた。

「この仕事で大切なのは、商品の損得の話ではない。プルデンシャル生命の自分というライフプランナーから生命保険に入るということの価値を、いかにつくり出せるかどうかなんだ。

生命保険に入っていただいたあとに『なぜ、ご契約していただけましたか』とご質問をして、『お得だったから』という言葉がお客さまから返ってきたら、もう負けだよ。『甲州さんだったから』とか『安心してお任せできるから』という言葉が出たならば合格。それが、いい商談ができたかどうかを判断するバロメーターのひとつなんだ」

そのためには、顧客の期待を高めて、それ以上の価値を提供しなければならない。ある契約者はこう振り返る。

「うちに子供が生まれたことをご連絡したら、『おめでとうございます。では早急に保険内容を見直ししなければなりませんね。お子さまのために、一日でも早く保険契約を成立させたほうが安心ですから』って。

その言葉通りの早さにはびっくりしましたね。私は当時、神戸にいたのですけど、甲州さん、なんと翌朝に東京から駆けつけてくれたんです。

甲州さんほど安心して任せられる人は、いませんよ」

「プロである以上、手ぶらで帰ってきてはいけない」

最善から最悪まで、あらゆる展開を想定したシナリオを書き起こす

甲州のセールスに同行した後輩たちの目に、共通して強く焼き付いている光景がある。

訪問先へと向かう途中のタクシーや新幹線のなかで、「ちょっとごめん」と会話を中断し、瞑想するかのように目を閉じる甲州の姿だ。小さくつぶやくように口元がかすかに動く。これから始まる商談をシミュレーションしているであろうことは、そう

と言われなくてもわかる。

客先での甲州は、落ち着き払い、ゆっくり喋り、相手の質問によどみなく答える。「さすがトップセールスマン！」と唸るような特別なトークはいっさいない。甲州に初めて同行した者は拍子抜けしてしまうほど、セールスは淡々と進んでいく。だが、ついさっき甲州が頭のなかで反復していたシナリオどおりに商談が進んでいるのだと、後輩たちはやがて気付く。

そして、甲州に対して抱いていた天才的なイメージは誤解であったと知ることになる。魔法のようなセールストークや決め台詞を華やかに操るのではなく、万全なシナリオづくりという実直な作業こそが、甲州のセールスを支えているのだと。


甲州が後輩をトレーニングするうえで中心に置いていたのも、まさにこのシナリオづくりである。演習ではなく実戦形式で、実際にアプローチしようとしている法人へのセールスを対象にする。

初回訪問ではどんな自己紹介をし、どんな質問をするか。プレゼンテーションはどんな展開で進めていくか。相手のあらゆる反応を予測し、どう答えるかをあらかじめ考えておく。いわば、一人ロールプレイングである。その一問一答をテキストとして書き起こす。それを甲州がチェックし、アドバイスをしていた。

シナリオづくりでは、ベストのプランとして提案した保険プランの価値を相手にも認められる、というゴールを定める。そこへ向かって、一気に契約まで導いていくのが最善のシナリオである。

ゴールから遡って、スタートの「こんにちは」まで逆回しで考えていく。その途中には、相手からの質問や反対意見が無数にあり、それらひとつひとつに回答を用意する。どんな会話をするのか、どんな気持ちになってもらうのかを細かくシミュレーションすることが重要になる。

どこかの過程に無理が感じられるようなら、提案するプラン自体を見直していく。いちどに一〇〇人以上の法人保険を提案するような大きな商談の場合、シナリオが二〇ページにおよび、その作成に一か月を要することさえある。

「そこまで実際にやってみると、まったくプレゼンテーションが恐くなくなるんですよ。自分のなかでは、すでに一回、ありとあらゆるパターンのセールスを終えているわけですから。当日は、そのなかのひとつをなぞればいいだけなんです」

商談をもっとも苦手としていた後輩は、こう言えるまでになった。

シナリオには、最善だけではなく最悪のケースも盛り込んでおく。とはいえ、これは収穫ゼロということではない。法人保険を預かることができなければ、個人保険の提案をする。それも無理なら、知り合いの社長を紹介してもらう。それが最悪のシナリオなのだ。お互いに大切な時間を費やして成果がゼロでは仕事とは呼べない、と甲州は語っていた。

こうも言っている。

「プロである以上、手ぶらで帰ってきてはいけない」

「一歩外に出たら、なにが起こるかわかりませんから」

一件のアポイントに、海外旅行並みのスーツケースを転がして訪問

「勝負の九割は、準備で決まるんだ」

甲州は、後輩たちに言い続けた。短時間で的確なヒアリングをするために、そこで顕在化したニーズに応えられる提案をするために、入念な準備は欠かせない。甲州の準備は、商談のシナリオづくりだけにとどまらない。短い電話を一本かける際にも、相手との問答を予測し、受け答えのセリフをあらかじめ用意していたのである。

そんな甲州の姿から、ある後輩は次のように感じていた。

セールスパーソンにとって、準備とは〝顧客のためを思う時間〟だと甲州は考えていたのではないか。どれだけその時間をかけたかは、会話のなかのちょっとした言葉の端々にかならず現れる。そして、セールスを受けている側は、敏感にそれを察知するものだ。

並のセールスパーソンなら一〇回通わないと聞き出せないこと、知り得ないことを、甲州は一回の訪問で引き出してしまう。それがなぜできるかというと、とことん準備をしたうえで、全身全霊を傾けて顧客と、心と心の会話をしようとしているからではないか。

実際に、ある社長はこう語った。

「一〇を聞いて一を知るセールスマンなら山ほどいるんだけど、甲州さんは一を聞いて一〇の提案を自然にしてくれる。内容をよく見ると、なるほど、あの食事のときにこちらがチラッと言ったことを頭に入れておいてくれたんだな、私のことをいろいろ考えてくれてるんだなって感じられる。だから、生命保険の仕事をお願いしたり、知り合いを紹介したりと、甲州さんを応援したくなるんだよね」

場の空気を和らげる冗談のひとつひとつ、商談中に秘書が入ってきたときの受け答えなども、事前にシミュレーションしているに違いない。そんな準備に裏打ちされたきめ細かな甲州の気遣いを社長は感じていた。

その準備には相当苦労しているはずだ。野球にたとえるなら、千本ノックを受けてヘトヘトになっているに違いない。ところが、甲州には悲壮感がみじんも見られない。相手に合わせた的確な言葉を選び、余計なことは口に出さない。絶妙のバランスで、本番でのさりげないグラブさばきができる甲州に、社長は惚れ込まずにはいられなかった。


もう一人、関西在住の別の社長にも、甲州の周到さに強い印象が残っている。

わずか一泊の出張であるのにも関わらず、海外旅行に出掛けんばかりの大きなスーツケースを転がしながら、甲州が訪ねてきたのだ。どう考えても不自然ないでたちなのに、本人はそのことに触れようともしない。すると社長は余計に、スーツケースが気になってウズウズする気持ちを抑えきれない。

「ところで甲州さん、今回の訪問はうちだけと聞きましたけど、それにしてはえらい大きな荷物やね」

「はい、一歩外に出たら、なにが起こるかわかりませんから。失礼のないように替えの靴やらスーツやら、いろいろ準備して持って参りました」

冷静に考えると、そこまで必要なのか？という話ではある。しかし、そこまで必要だと考えてくれたところに、社長はなぜか素晴らしい特別なものを見たような気になってしまう。そして、うっとりと言うのだ。

「やっぱり違うものなんやねえ、トップセールスマン、甲州さんの心構えっちゅうものは……」

「〝お役に立てるかどうか〟などと言ったらアウト」

これをやったら信用を失う！——セールスNG集

セールスパーソンのあいだではよく見られるような言動であっても、甲州の基準では御法度とされることは少なくない。社内での若手へのトレーニングや勉強会のなかで語られたNG言動をいくつか紹介する。

まずは、顧客へのトークについて。

◇電話でアポイントをとる際、「お役に立てるかどうかはわかりませんが……」という台詞はＮＧである。

忙しい顧客にしてみれば、そんな自信のないセールスパーソンのために、わざわざ時間を割いて話など聞きたくないものだ。「かならずお役に立ちますので二〇分だけお時間をください」と堂々と言う。

◇「近くまで来ましたので、ご挨拶で参りました」や、アポイントなしの訪問はＮＧである。

「うちへの訪問はついでか？」と思われたり、「暇なセールスパーソンなんだな」と思われてしまう。きちんと目的を持って、アポイントをとったうえで訪問する。

◇相手の質問に対して、「たぶん大丈夫でしょう」という受け答えはＮＧである。

しかも、これは最悪の返事である。曖昧な返事は不信感を募らせてしまう。わからなければ、わかる人をつかまえて、すぐに訊いて確認したのちに、はっきりとした返答を伝える。

続いては、自らのとる行動について。

◇フルコミッションで入った報酬をどこに投下するべきか？「株などで運用しよう」はＮＧである。

ビジネスのための本気の自己投資を怠ってはならない。次のステージを目指していかないと、たとえば経営者たちと話をしていても、かみ合わずに話を展開させることができない。報酬は次に目指すマーケットへ向けて自己研鑽のために投下する。

◇今日できることを明日に回す行為はＮＧである。

お客さまのためにも、行動にはスピードが大事。明日まで考えてみたとしても変わるようなことでなければ、それは今日のうちに終えておく。

「お客さまへの手助けのために、たまたま生命保険を売っているに過ぎない」

〝商品を売るのではなく解決策を売る〟との姿勢が評判を呼ぶ

「僕はＪＴＢにいたときに旅行を売っていたわけではないし、リクルートでも広告を売っていたわけではありません。いまも生命保険を売っているつもりはないんです。セールスという仕事は、お客さまのために解決策を提案することですから」

甲州が、若手たちに聞かせていた話のひとつである。お客さまが感じている、万が一のときの経済的な不安を解決したり、経営の課題を克服する手助けのために、生命保険という商品を解決手段としてたまたま売っている――という考え方だ。

その一例が、生命保険の商品を使った、法人に対する退職金プランである。

顧客から紹介を受けて法人を訪問した際、甲州はよく、こう尋ねていた。

「この会社をどうしていきたいとお考えですか？」

社長の口からは、大きな夢や理想と同時に、現実が返ってくる。「せっかく育てた人材が辞めてしまう」「いまひとつ現場の士気が上がらない」といった悩みだ。そこで甲州は、自らの経験を活かしたエピソードを披露する。

かつて世話になったリクルートには当時、三〇歳を過ぎて退職する際に一〇〇〇万円の退職金が出る制度があった。ゆとりをもって次の転職活動に臨むことができ、その資金を元手に起業する者も少なくない。甲州は社長にこう続ける。

「そこまでしてくれる会社をわるく言う人などいませんから、社員思いのいい会社という評判が広まります。それに、じつは退職の抑止力もあるんです。ようやく利益を生み出すようになった入社四、五年ぐらいの層に辞められると会社としても困る。けれども、一〇〇〇万円というご褒美がイメージできると社員の意識は変わります。あと五年頑張ってみようと思えるんです。

ですから、社員たちが高いモチベーションを持って働くことができて、退職するときも感謝して出て行くんです。もちろん、辞めずに長く勤めた人には、また別のメリットが設けてあります。そういう会社、どう思われますか？」

「いいですね。でも、うちは資金力がリクルートさんとは違うから無理ですよ」

「いいえ、そんなことはございません。資金の問題を解決できる、退職金の積み立てプランがあるんです」


この提案を受け入れた社長が、そのあとにどんな行動をとるか。ゴルフや会食などの場で、経営者仲間たちへ自慢気に話さずにはいられなくなる。

「従業員たちに喜んでもらえる、いい制度をつくったんだ。じつは、面白い保険屋さんがいてね……」

社長たちがセールスマンよろしく、甲州という人間をどんどん売り込んでくれるのである。

「費用を一〇〇〇万円から一億二〇〇〇万円に上げても、けっして高いとは言えないと思います」

先入観を捨てる――断られることを恐れての小さな提案は本末転倒

生命保険セールスの新人たちが、陥りやすいことがある。

たとえば、他社からの既存契約が保険料二万円の見込み客がいるとする。その人にとって本当に必要な保障のためには五万円のプランが最適だとしても、断られるのを恐れて、ついつい小さな提案をしてしまう。

甲州はそんな悩みが吹き飛ぶようなエピソードを、新人たちの前で紹介した。

リクルート時代、新卒採用メディアの部署に異動して半年しか経っていないときのことである。前任者から引き継いだメーカーへの訪問を何度も重ね、人事担当者はもちろん、現場の社員とも仲良くなっていた甲州には、さまざまなビジョンや経営課題が見えてきていた。会社の歴史を熟知し、社名に込められた夢にも共感した。そこで甲州は、その夢の実現に向けて、このメーカーに適した人材を採用する提案を練る。見積もっていくと、一億二〇〇〇万円という数字がはじき出された。口のわるい先輩は言った。

「甲州、アホか。去年の実績一〇〇〇万円やろ、決まるわけない。お前ってさ、異動してきたから、まだうちの部署のマーケットをホントわかってないな」

プレゼンテーションの当日、本題に入る前に甲州は、社長にひとつ確認をした。

「社長は値引きを要求されても、絶対に応じないポリシーがあるとお聞きしました。それは本当ですか？」

「当たり前だ。いいモノは高くて当たり前だ、それがモノの価値というものなんだ」

甲州は感心したように深く頷き、本題である広告提案を説明した。その内容におおむね納得した社長は尋ねた。

「それで甲州さん、これいくらなの?」

「総額で一億二〇〇〇万円になります」

「広告に一億なんぼって、去年の一〇〇〇万円でも高いのに、桁が違うんじゃない」

前年度の一二倍もの金額に驚く社長へ、甲州は堂々とした姿勢で、ゆっくりと話した。

「御社は新卒を四〇人採りたい。一〇〇〇万円ですと一人当たり二五万円になります。でも、これからの経営を担う人材が欲しい、競合他社に勝って、社名に込めた思いを現実にしたいとおっしゃった社長が、一人当たりの採用費を二五万円に抑えるというのは、いかがなものでしょう。一億二〇〇〇万円でも、決して高いとは言えないと思います」

「まあ、そうだな……。でも、それは正価だよね。いくら負けてくれるの?」

「社長、僕は先ほどのお話をお聞きして、すごく感動したんです。『いいモノは高い。値引きだなんてビジネスの上ではありえないことだ』とおっしゃいましたね」

「……参ったな。甲州くん、わかったよ」

この大型契約の知らせに、口のわるい先輩はもちろん、部署全体が甲州に一目を置くようになった。

痛快なセールス武勇伝に聞き入っている新人たちへ、甲州は二つのことを伝えた。

「まずひとつ、僕が値引きされなかったのは『値引きは商売では御法度だよ』と、大事なことを社長に先に言っていただいたからです。初回の訪問時に御社の強みはなんですかと尋ねて、社長自身の言葉で話してもらう。商談の最後では、その言葉を切り札として使えることが多いものなんです。

もうひとつは、金額への先入観を捨てなさいってことです。

いま二万円の生命保険に他社から入っていらっしゃるかたに対して、僕らがプランを設計したら五万円になったとします。『これ、いい生命保険だけど高いよな』などと、提案する側が先入観を持ってしまったら売れるはずなどありません。必要性から導き出した適正な金額を提案しているにすぎないんです。先入観は邪魔なだけです」

「いま、意思決定を求めること。なぜなら、相手にとっていい提案だから」

契約の先送りは、相手が心変わりする余地をつくってしまう

その日、年払いで数千万円規模という商談へと臨む甲州に、ある後輩が同行した。彼にとっては、甲州の〝スピード感〟に圧倒される経験となった。

生命保険に加入するには、健康状態の診査が必要である。申し込み後すぐに診査を済ませられるよう、訪問の挨拶をしながらも、甲州はしっかり尋ねておく。

「社長、本日の体調はいかがでいらっしゃいますか？」

「はい。いいですよ」

本題の保険提案についてのプレゼンテーションでは、約二〇年後、社長が七〇歳で勇退する際の二つの退職金プランを提示した。深く頷きながら聞いていた社長は、甲州の説明が終わったところで尋ねる。

「どちらのプランにするか、いま決めないといけないのですか？」

「はい」

甲州は堂々と短く即答する。

後輩はここでまず、しびれた。もし自分なら「いえ、いつでも」「できれば、早めに」などと、余計な言葉を加えてしまうところだ。だがそれは、自信のなさや不安を相手に見せ、迷う余地を与えることになる。甲州にはその隙がまったくない。

場はしばらくの沈黙に包まれる。自分なら、これに耐えきれずに余計なことをしゃべってしまうだろう。だが、甲州は少しだけ口角を上げて黙ったまま、じっと答えを待っている。社長は書類に落としていた目を上げ、穏やかな表情で甲州を見る。

「わかりました。この二つ目のプランでご契約しましょう」

その返事に後輩はホッとしたが、甲州はそんな素振りを見せずに社長へ尋ねる。

「これからお手続きをさせていただいてよろしゅうございますか？」

「はい、甲州さん、お願いします」

この瞬間、売り手と買い手の立場が逆転したような錯覚を後輩は覚える。甲州は契約の礼を述べたり安堵の表情を見せたりすることなく、間髪入れずに契約の手続きへと移ったのだ。

もし自分だったら「ありがとうございます」と頬を緩めて言ったあと、「契約の手続きはまた後日……」「では書類は次回に……」などと、事務処理を先送りにしてしまうだろう。しかし、それは相手が心変わりする余地をつくってしまう時間になりかねないのだ、と後輩は思った。

記入部分に目印のつけられた書類が、スッと甲州のカバンから次々に取り出されていく。相手との呼吸を計りながら、テキパキと説明が進んでいく。あっという間に十数枚もの契約書類が整う。つぎに、段取りがなされていた診査の病院へとそのまま付き添い、首尾よくまた会社へと戻ってくる。

忙しい社長に対しては、このスピード感ある態度が礼儀でもあるのだ、と後輩は気付かされる。時間をかけることと、ていねいさは決して同義ではない。

商談のクロージングについて、甲州は次のような言葉を後輩たちに語っている。

◇結論を求めることを恐れない。白黒をはっきり付けられれば、次にやるべき行動へと進むことができる。

◇クロージングはすぐすること。いま、意思決定を求めること。なぜなら、相手にとっていい提案だから。本当に「フォー・ユー」の気持ちがあればできるはず。

◇（旅行プランや情報誌とは違って）生命保険は販売枠や締め切りのない商品だからこそ、クロージングはしっかりとやらなければならない。

「気合いや根性には、再現性がないんです」

無限連鎖の紹介は仮説検証から生まれる

契約が成立すると、その契約者に対して甲州はすぐに見込み客の紹介を求める。ただし、そのときの言い方は、年を経るにつれ変わっていった。

一年目はこうだ。

「どなたか、営業の仕事をなさっているかたをご紹介くださいませんか」

セールスパーソンなら平日の午前中でも会社に気兼ねすることなく、外で会える。それにセールスパーソン同士で互いの痛みがわかるから、ドタキャンだけはないだろう。また、リクルートでトップセールスだったときの話に興味を示して、「この人と会うとセールスの勉強になるから」という理由で、紹介もされやすいのではないか。そんな仮説に基づいたものである。

　そして二年目はこうだ。

「どなたか、中小企業のかたをご紹介くださいませんか」

　大手企業に勤める人は、安定志向の場合が多い。その逆に、中小企業に勤める人は、一生その会社にいるのではなく、いつかは独立しようと、必要な勉強や人脈づくりに励んでいる。つまり、その人がいつか独立したときに、大きな契約につながるのではないか。そんな仮説に基づいたものである。

　さらに、法人契約の割合が増えた三年目以降、顧客となった社長には、こんなふうに言っていた。

「事業に情熱を注いでいて、私も勉強させていただける社長をご紹介ください」

　経営者から直に受ける学びは、甲州にとって大きな財産になる。後日、甲州と会う機会のある他の社長に伝えれば、役立つ話として喜んでもらえる。もちろん、甲州自身が法人に保険提案する際の参考にもなる。そんな仮説に基づいたものである。

　はたして、甲州の仮説は正しかったのか。それは、数字が物語っている。最初の二年間で、甲州は五五四件の契約を積み重ねることができた。さらに数年後には、中小企業から独立した社長四人と、法人契約を結んでいる。

自分はどんな人に会いたいのか。どんなマーケットで勝負をしていきたいのか。そのためにどんな人を紹介してほしいのかを明確な言葉で伝えれば、紹介には無限の可能性がある。ちょっと途切れたくらいで、紹介というビジネスモデルを諦める必要はない。

「僕の契約はすべて、無限連鎖の紹介、それと自発的見込み客の発見だけです」

入社から二年目三年目を迎え、セールスにまわるところがなくなって悩む若手たちに、甲州はよく言っていた。

他者のやり方を否定するものではもちろんないが、他のトップセールスたちと自分の大きな違いとして、会計士や税理士から紹介された顧客との契約がゼロであることも甲州は挙げていた。

「目標設定の一〇パーセント程度のアップですと、気合いとか根性で達成できるんです。でもそれでは再現性がない。再現する可能性が低いです。いつまでも気合いだけですから、長続きは望めません。

でも、ビジネスの方向性をきちんと自分なりに定義して、仮説検証して出した結果というのは、再現性が高いです。それがちゃんと自信として蓄積されていくわけですし。だから、あと一年でライフプランナーを辞めるって決めていれば、もうそんなのは気合いだけでセールスをすればいいでしょうけど、あと何十年ということを考えたら、ちゃんと仕組みをつくって、頭を使ってマーケットを開拓して仕事をしていかないと長くは続きません」

紹介の連鎖だけでトップの結果を残すのには、明確な理由があるのだ。

甲州伝説Ⅲ

伝説のセールスマンはこうつくられた

後輩たちを育てていた甲州もまた、さまざまな場面で出会った上司や仲間や顧客たちから育てられたり、自ら学び取ったりしながら成長してきた。そんな経験を経て、甲州のセールス道は少しずつかたちを成してきたのである。

甲州を導いてきた道標と、辿って来た足跡の一部を紹介する。

「〝人間には限界がある。でもそれは意外と高い所にある〟が座右の銘です」

目線を高く持てば、会社が与えた目標など自然とクリアできる

バブル景気の熱も冷めやらない一九九一年、甲州が二五歳の春のことである。

JTBからリクルートに転職した甲州は、同社の屋台骨である求人広告部門に配属された。当時のリクルートは、東京二三区内だけでも十数か所の営業所網を張り巡らせ、競合情報誌との激しい闘いを繰り広げていた。闘いの先頭に立って牽引すべく、新規開拓を専門とする部署が新設された。既存客なしのゼロからスタートするが、首

都圏ならどこを回っても構わない。従来の縄張りを身内同士で荒らすことにもなる。会社としては各営業所のセールスパーソンたちの競争力を高める狙いもあった。そんな立ち上がって間もない厳しい環境下の部署に、甲州はなにもわからぬままポーンと放り込まれた。

新規開拓セールスなら望むところだと、甲州は朝から晩まで熱心に飛び込みセールスを続ける。名刺獲得キャンペーンをやれば、同僚たちの二倍はもらって帰ってくる。入手した一枚一枚の名刺から、いつかなんらかの仕事が生まれるかもしれない。甲州は名刺を宝物のように大切にしていた。そして実際、どんどん契約をとってきた。「あいつの勢いに引っ張られるようにして、周りのみんなも数字を挙げていった」と、同僚で親友のAは振り返る。四半期ごとに与えられる営業目標も、甲州ならなんなく達成するだろうと周囲は見ていた。

ところが、期の最終週に契約を見込んでいた顧客から、甲州は広告掲載をキャンセルされてしまう。担当者に急な出張予定が入り、広告を見て電話をくれた応募者への対応ができないという理由からだった。応募受付期間を出張後にずらすなどの提案をすれば、半ば強引に受注することはできた。だが、それを潔しとしない甲州は、目標達成を逃すことを選ぶ。達成率九九・九パーセント、わずか〇・一パーセントおよばなかった。

当時の課長だったWは、「そのときの甲州の姿がいちばん印象に残っている」と言う。四半期のチーム目標を達成した祝いで一泊旅行に出掛けたが、仲間たちが楽しく騒いでいるなか、いつもは明るくおしゃべり好きな甲州が、ほとんど口もきかずにふさぎこんでいたのである。それは、旅行後のオフィスでも変わることはなかった。

「九九・九パーセントなら達成したも同然だから気にするなよ」という仲間たちの声も、なぐさめにはならない。甲州にしてみれば、一〇〇パーセント未満はとにかく敗北だったのだ。

そんな様子を見かねた部長のTは、ある日、甲州を呼んで一喝した。

「お前、いつまでウジウジと落ち込んでるんだ！

悔しいのはわかるが、会社が設定した数字くらいのことで一喜一憂するな。もっと目線を高く持てば、目標なんて自然とクリアできるものだ」

そう諭したあと、自らの経験談を語り始めた。応援団に入っていた学生時代、真夏の炎天下で学ランを着て、一〇時間エールを切り続けろと先輩に命じられた。最初は無理だと思った一年生全員が、それをやり遂げた……。T部長は言った。

「なあ、甲州。人間には限界がある。でもそれは、意外と高い所にあるんだよ」

それからリクルートを退職するまでの約七年間、二九回の四半期目標をすべて甲州が達成し続けられたのは、この言葉を座右の銘として、いつも高い所だけを見据えていたからだ。


その男気にすっかり参ってしまった甲州は、できるだけT部長と一緒になる時間をつくって、いろんなことを勉強したいと考えた。やがて、部長が帰宅する電車の隣席に乗り込み、次々と質問を投げ続けるようになる。新米の身分でありながら、一〇〇人強の部下を率いる部長を独占していたわけだ。しかもその車輛は、部長特権ともいえるグリーン車輛だったが、なにも臆することなく甲州は乗り込んでいた。

たまたま帰る方向が同じだったわけではない。部長が降りる駅まで同席できるよう、甲州はT部長の近所への引っ越しまで決行していたのである。

「合格することは、面接前にわかってましたから」

立つ鳥あとを濁さず——転職時も周囲への配慮を忘れない

社会人になって一〇年目、三二歳の秋のことである。

プルデンシャル生命にスカウトされた甲州は、役員室の外のソファーで、受け終えたばかりの面接試験の結果が出るのを待っていた。そこへ、結果を告げにやってきたのは、スカウトを担当したS営業所長だった。

プルデンシャル生命では基本的に、ライフプランナーの採用はヘッドハンティングでしかおこなっていない。それも、異業界で活躍している人材のみである。

甲州をぜひとも入社させたいと思ったS営業所長とO支社長は、生命保険のセールスについて、さまざまな話をじっくりと聞かせた。甲州がもっとも惹かれたのは、自分のお客さまと一生付き合えるという働き方である。JTB時代は先輩から引き継いできた顧客の訪問が中心であり、リクルート時代は異動のために顧客の引き渡しを余儀なくされてきた。

いちばんの不満がなくなる。そのうえ成果がそっくり報酬という形で評価される。さらには、さまざまな業界から集まった優秀な人材たちから刺激を受け、自分の力をもっと高めていくことができる。O支社長のオリエンテーションを受け、プルデンシャル生命へ転職することを甲州は即断したのだ。

その決断について、甲州はリクルートの後輩にこう語っていた。

「リクルートはスゴい会社だと思ってきたけど、もっとスゴい会社に出会った。オレがこれまでやってきた世界なんて、狭いものだったんだなって思ったよ」

S営業所長は、たったいま終わったばかりの面接内容に驚いていた。何百人もの面接を見てきたが、知る限りにおいて、過去最高の満点に近い得点だったからだ。ほとんど嘘をついてるんじゃないか。そう思ってしまうほど、甲州は完璧な答えを返したのである。

「甲州くん、おめでとう、合格だよ。さっそくだけど、今後の手続きについて、支社長と一緒に説明させてもらうから、あちらの部屋へ行こう」

優秀なセールスパーソンほど、前職の退職には困難がつきまとう。家族に反対されるケースも少なくないことに加え、会社からの引き留めも強い。プルデンシャル生命としても、円滑に転職するための綿密な段取りを一緒に考えなければならない。その話を始めかけたS営業所長を遮るように甲州は言った。

「あの、大変申し訳ないんですけども、退職届は上司にもう渡してあります」

「え？……っていうか、合格っていま告げたばかりでしょ。まだ結果が出る前に、上司にそう言ったわけ？」

「はい、あの……受かるのは、わかってましたから」と、甲州は事も無げに答えた。

面接での高得点も衝撃だったが、合格前に退職届を出したという話など聞いたことはない。S営業所長と同じく、驚きを隠せずにいたO支社長が尋ねた。

「そうは言ったって、あなたみたいなポジションの人は、そう簡単には辞めさせてもらえないでしょう？」

「いえ、大丈夫です。僕がいちど言い出したら引き留めるのは無理だと、上司は知っていますので」

あっけにとられていた二人に甲州は、こう付け加えた。

「ただ、ひとつだけお願いがあります。引き継ぎのための時間はしっかりとください。お客さまにだけは、絶対に失礼のないようにしなければなりませんから」

「〝お付き合い・お願いセールス〟は、いっさいしません」

甲州さんからなら喜んで生命保険に入りますというメール四〇〇件を断る

〝あの甲州が、リクルートを辞めて生命保険のセールスマンになる〟

そのニュースは、瞬く間にリクルートの社内を駆け巡った。全社員が集まる場で幾度も表彰を受け、同年齢の約九〇〇人のなかで最速となる課長昇進を果たし、全国各地へのUIターンを促進する求人誌にも携わっていた甲州は、全国レベルの有名人だったのである。

社内ネットを通して、次のようなメールが続々と甲州のもとへ届いた。

〈ご一緒に仕事ができなくなるのは残念ですが、甲州さんからなら、喜んで生命保険に入らせてもらいます。書類を送ってくだされば、すぐにハンコを押します〉

メールの数たるや、約四〇〇通にのぼった。新たな環境で仕事をスタートするセールスパーソンにとって、これは願ってもない話だ。

ところが、甲州はすべてのメールに対して、丁重な断りの返信を送った。セールスプロセスもなしに、付き合いで入っていただくなど、セールスパーソンとしてのプライドが許さない。

一般的には縁故を頼り、頭を下げて契約をもらうイメージが強いかもしれないが、本来あるべき生命保険セールスは、そんなものであってはならない。甲州はスタート前から、そう考えていたのである。

ライフプランナーになってからも、「話はつけときましたから」といった紹介が何度か入った。当人は親切心なのだろうが、これも甲州はきっぱり断った。きちんと紹介先の本人と会い、家族や会社の状況を直接聞いたうえで、最適と思われる生命保険を提案する。そんな王道からどんなときもそれることなく歩き続けていた。

お付き合い契約は、いっさいなし。ましてや、「キャンペーン月間なので」「目標まであと少しなので」といった類の〝お願いセールス〟など、甲州の感覚ではまったく考えられなかった。

「あの生活をもういちどやれと言われたら、一億円もらっても断ります」

疲労で顔が緑色になり、土偶というあだ名を付けられた新人時代

「あの頃の生活をもういちど繰り返せと言われたら、たとえ一億円もらったとしても断ります。そのくらい、コワい毎日でした。もう二度とできません」

社内の研修において、甲州がかならず新人たちに話していたことである。あの頃と

いうのは、入社からの二年間のことだ。

この時期は誰もが、ライフプランナーとしての土台づくりのため、躍起になる。寝食を忘れてセールスに走り回る。人生のなかでいちばん頑張った、と振り返る者も多い。だがそのなかでも、甲州の頑張りたるや尋常ではなかった。

毎週かならず三件以上の契約を続けて一年を終える。それが当時、社内では成功の目安とされていた。続ける、というのが難しい。今週は六件の契約をいただけたから来週はゼロでもいい、ということは許されない。活動を〝習慣として〟身体に覚え込ませるための目標である。だが、甲州はこう考えた。

「周囲の者と同じ目標では、モチベーションを維持できない」

そこで甲州は、件数に加えて契約金額の目標も定めてバーを上げ、一年間五〇週連続で達成すると宣言したのである。実現するには週に四、五件の契約を続け、そのためには週に一二人の新しい人と会い、週に二五件前後のアポイントを入れる必要がある。そんなふうに逆算して、日々のタスクを甲州は決めていった。

とにかく無駄な時間が惜しかった。

通勤にかかる時間はその最たるものである。そこで甲州は、セールスを開始した月の三週間ほど、支社のすぐ裏手にあるホテルに泊まった。いわゆるブティックホテルで、ビジネスパーソンが一人で利用するようなところではない。ホテルのフロントで毎朝、『甲州様』と書かれた領収書をもらい、大きな旅行カバンを抱えて支社へと出勤していた。呆れる営業所長に、甲州は嬉々として言った。

「所長もどうですか？　荷物を置いて連泊できないのが面倒ですけど、ベッドも風呂も広くて疲れがとれますよ」

二か月目からは、朝五時半に起き、六時半に家を出て、七時半には仕事を始めた。午前中はアポイントをとり、午後から夜にかけて見込み客を訪問する。夜一二時頃に支社に戻り、設計書をつくると、帰宅するのは真夜中の二時頃になる。それでもまた、五時半に起きる。

慢性的な寝不足だった。車を路肩に停め、「三〇分後に起こして」と母親に電話をかけて仮眠をとることもしばしばだった。体重は一〇キロ以上減った。そんな甲州の顔色を見ていた先輩のKが心配そうに言った。

「おい甲州、お前、顔が緑色になってるぞ。なんだか土偶みたいだな」

「ハハハ……Kさん、いくらなんでも土偶はひどくないですか？」

この話は、新人研修でのスピーチで、かならずツカミのネタとしても使っていた。ドッと沸いた新人たちの笑いが静まったところで、甲州はいちばん伝えたいことを語り始める。

「なぜそこまでやれたのか？　僕は成功するつもりで生命保険セールスの世界に飛び込んできました。でも、失敗する可能性もゼロではないかもしれない」

リクルートでの成功も、たまたま仲間やお客さまに恵まれていただけではないのか。そんな不安を消し去るために、甲州はひたすら足を動かし続けていた。

「一生にいちど、とことん勝負してみる。それで結果が出なければ、向いてないと思って辞めればいい。でも、中途半端にやった結果では、その判断もできないじゃないですか。だから僕は、自分の限界を決めずに目標をうんと上げて、やりきったと言えるようにしたかったんです」

体力の限界で倒れそうになった時期も精神力で乗り切り、週五件以上のペースで、自己目標を一年間五〇週連続で達成した。プルデンシャル生命の記録に残る業績だった。

〝なんだかとんでもないやつがいるぞ〟

甲州は入社一年にして、社内にその名をとどろかすようになったのである。

「そんなソックスじゃ、スネ毛がお客さんに見えちゃうだろ」

相手を不快にさせない着こなしを実践し、仲間たちにも伝える

一八〇センチの長身で贅肉の付いていない甲州は、颯爽とした印象を他者に与えていた。服装はストライプ柄の紺のスーツに白ワイシャツにネクタイと、いたってベーシックな姿である。これはプルデンシャル生命のライフプランナーなら、誰もが当たり前のように実践している、清潔感と信頼を与えるファッションに過ぎない。

ところが、「どこかひと味違うのだ」と仕事仲間たちは口を揃える。ひと言で表すなら、〝おしゃれ〟というよりは〝相手を不快にさせない〟着こなしを甲州は心がけていた。会社のロッカーには、予備のワイシャツやネクタイをつねに用意しておく。アポイントで会う相手に合わせて柄や色調を変え、午前・午後・夜と着替えることさえあった。

そんな甲州の細部におよぶ着こなしをマネする仲間たちも少なくなかった。彼らに対して甲州は、なぜそうしなければならないのかの理由も交え、まるでスタイリストのように、身に着けるアイテムの選び方を伝えるようにしていた。ポケットチーフ、筆記用具、手帳、腕時計など、商談のシーンで顧客の目から見られるものすべてに、配慮することを教えたのである。

同僚で親友のAには、遠慮のないダメ出しが甲州から繰り返されていた。

「A君はアパレル関係のお客さんが多いんだから、もっと気を付けなきゃ。ワイシャツ越しに白いTシャツのラインが透けちゃってるの、みっともないと思うよ」

「そういえば甲州は透けてないなあ？　ひょっとして素肌にワイシャツ着てるの？」

甲州はネクタイを緩め、シャツのボタンを外して肌着を見せた。

「肌色のシャツ、いわゆる爺シャツだよ。×××百貨店のメンズ館で売ってるよ」

Aは早速、一〇枚まとめて購入した。ある日は、足下がレクチャー対象になった。

「あれ、A君さあ、そんなふつうの靴下を履いちゃダメだよ」

「どうして？　スーツに色を合わせた靴下はビジネスの基本だろ」

「いや、色じゃなくて、長さの問題なんだってば。それじゃ、座って裾が上がったときに、スネ毛がお客さんに見えちゃうじゃない」

そう言って甲州は、自分のズボンの裾をめくりあげた。現れたのは、膝下まで隠れる丈長ソックスである。Aは早速、一〇足まとめて購入した。

レクチャーは、契約者にも及んでいた。あるフラワーショップの社長は語る。

「僕も甲州さんと同じで、靴を脱いで個人宅に上がることがあるじゃないですか。そんな穴の開いた靴下はぜったいにダメですよって、甲州さんに注意されてから、新しい靴下を履いていくようになりました」

かくいう甲州は、あるセレクトショップで洋服を揃えることが多かった。ちょうど顧客の多いエリアにあり、商談の前後に立ち寄ってリラックスできる休憩場所でもあった。親友でライフプランナーのMとも一緒によく来店して、セールスパーソンらしく、互いに商品をセールスし合っては買い物を楽しんでいた。そんなひとときにあっても、甲州の探求心は休まることがない。オーナーのK氏夫妻が着ている服に興味を示し、シルエットや素材やデザイナーについて、いつも貪欲に知識を吸収していた。

K氏には、甲州のこだわりや反応が印象深い二つのアイテムがある。ひとつはリップクリーム入れのポケットで、上着のチェンジポケットをかならず付けるように甲州はオーダーしていた。

もうひとつはソックスである。初めて店に来た頃、試着室で着替える甲州のソックスの踵が、擦れて薄くなっているのを目にしたK氏は注意した。

「甲州さん、お客さんのところで靴を脱ぐのに、くたびれたソックスはいけませんよ。それに、座って裾が上がるとスネ毛が見えちゃいます。ほら、こちらの丈長のソックス。映画『007』でジェームス・ボンドが履いているのも、このタイプなんですよ」

甲州は早速、そのソックスを一ダースまとめ買いした。

「契約者の立場で考えたら、正しいのはこうじゃないの？」

アシスタントの見た喜怒哀楽——文句や愚痴では終わらせない

アシスタントのRは、一日の大半を甲州の執務ブースで過ごした。

ブースは六畳ほどの広さで、甲州とRの机があり、ロッカーがあり、打ち合わせ用の丸テーブルを大きな観葉植物が覆っていた。棚には、高業績を物語るトロフィーや家族の写真などが並んでいる。窓からは、羽田を行き交う旅客機が見える。

甲州はセールスに出ていることが多かったが、ブースにいるときはいつも、顧客とのエピソードやゴルフについて面白おかしくRに聞かせていた。後輩たちがブースにやってくると、冗談で笑わせて心を軽くしてあげたり、セールスのさまざまな相談へ親身になって応えていた。

そんな甲州でも、珍しく怒ることが数回だけあった。会社側の都合で、顧客の要望に応えられないときや、余計な負担を顧客に強いてしまうときである。

「会社の建前や理屈はわかるけれども、契約者の立場で考えたら、正しいのはこうじゃないの？」

本社の担当者や支社長に向かって懸命に主張しているときには、やや感情的にもなった。だが、現状に対して文句や愚痴だけを言って終わる甲州ではない。「こういう業務プロセスに変える方向で検討してほしい」と、ポジティブな方向へと気持ちを切り替えるのである。実際に甲州の提言でいくつかの社内ルールが見直され、契約者の負担が大幅に軽減された。それらはいまも運用されている。

アシスタントとして務めた七年半のなかで、Rが最も印象に残っているのは、ある大口の法人契約が解約になったときの甲州の言葉である。

それは甲州にとっても思い入れの深い契約者だった。役員会でのプレゼンテーションの際、社長が少し席を外した間に、反論が相次いだ。

「社長は入れ込んでいるみたいだが、私は賛成しかねるな」

「どうして全額が経費扱いにならないんだ」

「こんなのに入っても、いったいどんな得になるのかね」

甲州が窮地に陥ったところに戻って来た社長が、きっぱりと言い放った。

「なにをガタガタ言っているんです。甲州さんは自分の売上のために、我社に生命保険を薦めているんじゃない。社員のための福利厚生プランを提案してくれているんです。そういう社員思いの会社に私はしたいんだ！」

粘り強く交渉を重ね、役員たちの理解を得て、預かることのできた契約だった。反対していた役員ものちに、個人保険を甲州に任せてくれた。

ところが、数か月後、プランを丸ごと解約せざるを得なくなったという連絡が入った。リーマンショックの影響もあり、業績が急激に落ち込んでいたことは甲州の耳にも届いていた。うすうす心配していたことが、ついに来てしまった、とRは思った。契約から間もない解約だったため、甲州にとっては相当なダメージとなり、プライドにも関わる。継続率の高さは、ライフプランナーとして正しい仕事をしているという証でもあるのだ。だが、甲州はさらりとRに言った。

「僕のことはどうでもいいんです。社長のほうが何十倍もつらいと思いますから」

甲州は、契約者側の気持ちになって、考えたり行動したりするだけではなかった。アシスタントの気持ちにもなって接してくれていた。たとえば、甲州は出社しない日でも必ず前日の晩に「Rさん、おはようございます」で始まる手書きのメモを残しておく。ミスをおかしてしまっても責めることなく、次にとるべき手段を的確に指示してくれた。

アシスタントとしての勤務時間外に、甲州が電話をかけてくることは決してなかった。退社後に用件ができたときは、いつも決まって翌日の勤務開始一分後に連絡が入る。一〇時一分きっかりにブースで鳴る電話は、甲州からの急ぎの用件だった。きっと、時計を見ながら、その時間が来るのをじっと待っているのだろう。

電話の音の向こう側に甲州のそんな姿を想像し、Rは微笑ましく感じていた。

甲州伝説Ⅳ

自身も繰り返した成功への「つぶやき」

顧客に対して最善の価値あるサービスを提供するためには、まず自分のあり方を見つめ直さなければならない。自らの不足を知り、それを埋めていくために。くじけそうなときにも負けない強い心を持ち、己を律していくために。自らもぎりぎりの修羅場を経験してきた甲州が、後輩に伝えてきたセルフコントロール法を紹介する。

「自分が変わらなければ、マーケットは変わらないぞ」

答えは自分で探さなければ、本当の自分の力にならない

トレーニングをしていた後輩たち四人に対して、甲州が徹底して貫いていた姿勢がある。後輩の見込み客へのセールス同行をいっさいしないことだ。

自分が一緒に行けば、彼らのいたらなさをカバーをして、〝その場の契約〟を決めることはできるかもしれない。彼らの営業成績も伸びるし、指導者としての甲州も評価される。だが、それは〝その場限り〟のもので、次へとつながるスキルにはならない。後輩たちに結果が伴ってこないことを心配する支社長に甲州は言った。

「彼らに対して自分がするべきことは、果実を摘んで与えることではなく、畑の耕し方や種の蒔き方や実の育て方を体得させることです。もう少し長い目で見てください。彼らはかならず伸びます」

そのときどきにおいて、本人に足りないものを気付かせるにとどめ、肝心の答えは自分自身で探し出すようにしなければ、自分の本当の力にはならない。そう考えていた甲州は、支社内の若手向けの勉強会でも、理論や方法論を教え込むというよりは、各自が実際に抱えている商談を取り上げて話し合う形式をとった。受け身で教えを請うのではなく、自ら考えるように仕向けて導いていたのである。

さらに、能動的に新しいことへとどんどん取り組むようにさせた。たとえば、会いたい人が集まる場所へ身を置くようにする。セールスパーソンらしくない、非日常の予定を入れ続ける。持ち物をがらりと変えてみる。

甲州は後輩たちに言った。

「自分が変わらなければ、マーケットは変わらないぞ」

「オレは天才だ。かならず成功する」

自分でコントロールできないことに囚われるのはナンセンス

アポイントのドタキャン、門前払い、契約寸前でのキャンセル……。セールスパーソンなら誰もが経験することとはいえ、それが続けば心が折れそうになる。そんなとき、気持ちをどう切り替えればよいのか？　新人向け研修で、甲州はこう答えている。

「僕にもありますね。何か月もかけてようやくクロージングまでこぎつけたのに急に風向きが変わって話が立ち消えたり、約束をドタキャンされたり。あれはこたえます。いちばんきつかったのは、筑波のお客さまのところまで横浜から高速を飛ばして行ったとき、インターを降りるあたりで、念のために携帯電話に連絡を入れたんです。

そしたら、『あれっ、今日でしたっけ、これから家族で旅行に出るところなんです。またこんどにしてくれます』って、平然と言われましてね。
でも、そんなときに、オレはツイてないとか、だからオレはダメなんだって、自分を責めたりするのはいけません。よりネガティブになって、落ち込んでしまいますから」

売れた売れないということで一喜一憂しない。セールスでお伝えした話に顧客が共感してくれたのなら、それでよし。その先どうするか、結果は顧客自身が決めることなのだ。こちらでコントロールできないことを考えても仕方がない。甲州はそう考えていた。

「むしろ、自分を鼓舞すればいいんです。オレは天才だ。かならず成功する。天才の話を聞けないなんて、残念なお客さまだなあって。
入社したての頃、僕は支社の机でアポイントを取っているときも、断られるたびにブツブツと念仏のように唱えていましたから、隣の人には聞こえていたかもしれません。オレは天才だ……オレは天才だ……オレは天才だって」

「自分の都合で生命保険を売るようになったら辞めます」

法人も、個人も大切に。売上に波をつくらない

もしも、顧客に対してフェアでないプレーをすることになったら、ライフプランナーをスパッと辞めて、生命保険のフィールドから退場しよう――。甲州は、自らをジャッジするためのルールを定めていた。若手のライフプランナーたちには、次のような言葉で伝えている。

「本当はAのプランがお客さまのニーズには最適なのに、自分の報酬が高くなるからBのほうを提案しようとか、そういう気持ちで生命保険を販売するようになったら、危ないから辞めようと決めたんです。もうそれは、ライフプランナーとしてグレてますから。

そのお客さまは、きちんと心のある人から生命保険を案内されていたほうが良かった。僕に出会わなかったほうが幸せだったわけです。その人に対して僕も、ずっと一生、後ろめたい思いをすることになる。そんなことになったら怖いじゃないですか。

でも、フルコミッションの仕事ですから、収入にはどうしても浮き沈みの波があります。法人契約は決まれば大きいですけど、何か月も携わっていた案件が成約できなければダメージは大きいです。どん底状態が続いて切羽詰まったら、Bを提案したほうが報酬が高いぞという誘惑に負けるかもしれない。自分の都合で保険を売ってしまうかもしれません。

だから僕は、法人マーケットが多くを占めるようになったいまでも、個人のお客さまへのセールスは変わらず続けているんです」

大きな法人契約を次々に決めてくるイメージの強いトップセールスマンでも、実際には小さな積み重ねに支えられている。そんな、当たり前だが忘れがちな基本と姿勢を、若手たちは甲州から知らされたのである。

「社内での順位なんて、社外の人にはまったく関係ないことですから」

昨年の自分より、今年の自分がどれだけ成長できているか

甲州は二〇〇五年、約三〇〇〇〇人のライフプランナーのなかで第一位の成績を収めた。翌二〇〇六年もまた、第一位の成績を収めた。二年連続の快挙に社内は沸いたが、本人は冷静だった。甲州はいつも、後輩たちに語っていた。

「たまたまいちばん多くの契約をいただいただけの話で、順位というのは相対比較に過ぎません。他人と比べてどうかではなく、昨年の自分よりも、どれだけ成長してい

るかが大切なんです」

ある日、プルデンシャル生命の広報部門へ、経済誌の編集者から連絡が入った。セールスに関する特集記事の取材依頼である。広報のTの頭には、甲州の顔が真っ先に浮かんだ。それは成績が一位ということだけではなく、セールスに対する姿勢についても、会社を代表する顔にふさわしいと考えたからだ。

取材の打診に対する返事に、Tはあらためて甲州の人間性を知ることになった。

「わかりました。会社の宣伝にもなるでしょうから、お受けします。その代わりひとつだけ条件があります。私が二年連続でトップだとかは記事には出さないようにしてください。社内での順位は、社外の人にはまったく関係ないことですから」

昨年よりも数字を伸ばす。それも、二割三割ではなく、二倍三倍やるにはどうしたら良いか。これまで三回かかっていたプロセスを二回にする方法はないか。数字を落とすことなく、昨年よりも休日を増やして家族と過ごすにはどうしたら良いか。

昨年の自分を超えるため、すべての行動に「仮説」を立て「検証」する作業をつねに、甲州は欠かさなかった。

「念じろ。それは、まだまだ、念じかたが足りないな」

達成シーンをイメージすれば願いはかならず叶う

甲州は多くの仲間たちにとってのメンターだった。甲州のとっている行動をそのまま真似してみたり、甲州ならどうするだろうかと考えてみたり、困ったときには相談を持ちかけてきたりする者が、少なくなかったのである。

ある後輩は、大きな取引へとつながりそうな見込み客になかなか会ってもらえず悩んでいたときに、甲州に聞いた。

「甲州さん、どうしたら僕はアポイントをもらえるでしょうか」

「念じるんです」

たった一言だけ、甲州は答えた。

ある後輩は、自分の掲げた大きな目標につぶされそうになったときに、甲州に聞いた。

「甲州さん、どうしたら僕は目標を達成できるでしょうか？」

「念じろ」

たった一言だけ、甲州は答えた。

その後輩は、しばらくたってから、もういちど聞いた。

「念じてもうまくいかないのですが、どうしたらいいでしょうか？」

甲州はこう答えた。

「それは、まだまだ、念じかたが足りないな」

各分野の成功者たちも著書や講演で揃って述べているように、自分はできるんだと信じて、それが達成できているシーンをイメージすれば願いはかならず叶う。甲州もそう考えていた。

甲州から「念じろ」と言われたこの後輩二人は、その後どうなったか？

二人とも、それぞれ違う年度にプルデンシャル生命のなかで全国一位の成績を収め、甲州も二度経験した表彰の晴れ舞台に立つことになったのである。

甲州伝説Ⅴ

膨大な契約の引き継ぎが語る遺産

クリックひとつ、ケータイ一本で生命保険が買える時代にあって、一軒一軒に直接足を運んで話を聞き、一人一人のニーズに合った生命保険を設計する。その後も将来にわたって契約者家族の安心を守り続けることが、ライフプランナーというプロフェッショナルの存在意義である。

そのライフプランナーが亡くなったとき、支社の仲間たちはまずなにをしなければならないか。哀しみを抑えて一件一件の契約者すべてに訃報を告げ、速やかに後任担当者を決めて引き継ぎの挨拶をする。まずは安心してもらうことである。

膨大な数におよぶ甲州の契約を引き継ぐなかで、あらためて浮き彫りになった甲州の人間像について紹介する。

契約者からの紹介による連鎖でつくられた大樹

「甲州さんのお客さまから、新しい紹介をいただきました」

（同僚の証言）

甲州が亡くなってからの約一か月、営業所長のMは自分のデスクを離れ、甲州が使っていた執務ブースにこもりっきりだった。甲州のアシスタントだったRと一緒に、かつて社内の誰もやったことのない難題に試行錯誤していたのだ。甲州が遺した膨大な契約の一件一件について、後任者を決めていくという作業である。

それまでにもMには、やむなく退職したライフプランナーの契約を後任担当者に引き継がせた経験ならある。二〇代の契約者には若手の担当者をあて、遠方に転居した契約者には最寄りの支社に担当を依頼する。長きにわたって、万が一の際にはすぐに駆けつけられるという明快な基準で、契約者ごとに後任を決めればよかった。

ところが甲州の契約者は事情が異なっていた。もともと、生命保険には興味がないが、信頼している知人から「面白い人だから」と強く勧められたので、とりあえず会ってみる。すると、生命保険の話もわかりやすくしてくれるし、なにより人間的に惹き込まれるセールスパーソンだった。気がつくと契約していて、甲州を紹介してくれたことへの感謝で知人との絆がより深まり、自分も親しい者をどんどん紹介するようになった――。

そんな人たちが大半を占める契約者の立場になったとき、せっかく紹介した大切な知人に、自分とは異なる後任者が付いたらどう思うだろうか。どんな者なのか顔も性格もわからないのは、気持ちのいいものではないに違いない。

甲州の遺した契約を大樹にたとえるなら、一枚一枚の葉を振り分けるのではなく、つながりの枝ごとに契約者たちを任せなければならない。それは後任者に、引き継ぎの数の多さ、遠隔地への出張、各契約者同士の間柄の把握といった負担を強いることにもなる。トップセールスの後任を務めるだけでも、プレッシャーは大きい。それでも、きっと甲州が望んでいるであろう引き継ぎをしたい。MとRはそう思った。そんな二人の様子を見ていた支社のライフプランナーたちはブースに入ってきて、声をかけた。

「私になにかお役に立てることがあれば、遠慮なく言ってください」

ブースのなかで一連の引き継ぎ作業を進めているあいだ、Mはつねに感じていた。契約者同士のつながりをすべて把握しているRがいなければ、この仕事はできないな、と。

「このかたは、Aさんとのゴルフ旅行で紹介されたBさんの、お兄さんの、部下です」

「はあ、よく覚えてはりますね」

「だって甲州さん、お土産話をたっぷり聞かせてくれたんですもの。それに、ゴルフ場の朝食のジャムが美味しかったからって、私にもお土産を買ってきてくれたんですよ」

そんな具体的なエピソードがRの口から、一人一人の契約者ごとに飛び出す。

「このかたの後任は、A君よりもB君のほうが合っていると思います」

Rが知り尽くした契約者とライフプランナーの性格やタイプまで考慮して、適任となる後任者を選んだ。そんなRと甲州について、ある先輩はこう振り返る。

「甲州は声が大きいので、隣のブースにいた僕にも、Rちゃんとの会話はよく聞こえてきました。商談の内容だけでなくご家族のことや服装とか、細かいディテールまで言うから、Rちゃんはまるでその場に同席していたような気分になる。

どんなふうに紹介をいただいたのか、どうしてそのお客さんにそのプランを勧めたいと思うのか、そんな背景までも甲州は説明していたので、感動とか悔しさも二人で共有できていたのでしょうね」

甲州の契約は、四〇人の後任者が手分けをして引き継ぐことになった。多い者は九〇人もの個人顧客を担当した。彼らが契約者一人一人への挨拶に明け暮れる毎日がしばらく続く。

「甲州さんのお客さんから、新しいご紹介をいただきました！」

「ご挨拶に行ったら、夕食までごちそうになってしまいました」

そんな報告が入るたびに、MとRは喜びを分かち合った。新たな土に植え替えられた枝に、後任者たちは水やりをして育て、生命保険という命を守り続けている。彼らのその姿が、契約者に認められた証ではないかと思ったからである。

「お子さんの野球の話をよく聞きました。いいお父さんですよね」

(顧客の証言)

契約者それぞれが話す、通り一遍ではない〝人間・甲州像〟

甲州の契約者を引き継いだライフプランナーたちは、契約者への挨拶を重ねるたびに、顧客の側から見た甲州像を知ることになった。

最多となる九〇人もの契約を引き継いだAは、一人一人の保険の内容を確認していたときに、あることに気付く。

たとえば同じ〈二十代後半・独身〉という属性の近いサラリーマンであっても、その人によってまったく保険の内容が異なっている。通常は年齢や家族構成といった属性によって、ある程度のパターンに沿った内容になるものだ。そこで、ある契約者を訪ねたとき、彼はさりげなく聞いてみた。

「××さんは独身のわりには、保障の大きな生命保険に入っていらっしゃいますね」

「はい、私になにかあったときには、故郷で暮らす母が一人になってしまうというお話を甲州さんにしたからだと思います」

細かい契約内容については覚えていないものの、加入した目的や背景については明確に答えられる契約者が大半だった。それぞれの契約者が生命保険に対して求めているニーズを、顔を合わせてさまざまな話をするなかから顕在化させていく。必要性に気付いてもらったうえで、最適な生命保険を甲州が提案していたことの表れだといえる。

引き継ぎで初めて会ったその日のうちに、見込み客を紹介されることの多さにもAは驚いた。通常は、自分との信頼関係がしっかり築かれたあと、初めて知り合いを紹介してもらえるものである。ところが甲州の契約者たちのあいだには、「いいものは人にも勧めよう」という意識が浸透していて、大切な知人を紹介するのは当たり前だという考えが強く持たれているようなのだ。甲州から受けた生命保険の必要性や意義についての話の感動がそれだけ強く、いまもなお薄れていないからなのだろう、とAは感じた。

後輩のBは、四〇人の契約を引き継いだ。挨拶に回る先々では当然、甲州の話題が出る。

「野球をやっているお子さんの話をよく聞きました。いいお父さんですよね」

「いつもの穏やかな雰囲気からは想像できませんけど、子供の頃はずいぶん喧嘩したなんていう話もお聞きしました」

「ゴルフのために日頃から、身体を鍛えていらっしゃいましたよね」

どの契約者に対してもかならず伝えるはずの生命保険の大切さなどにまつわる話ではなく、甲州という人間に対する話が圧倒的に多いのである。甲州がよく言っていた言葉を彼は思い出した。

「保険屋が、保険以外のことを話すところに付加価値が生まれる」

「キャラクターを売り込め。単に商談するのではなく、自分を売り込め」

とはいえ、甲州は自分を誇示するようなタイプではない。いかにお客さんに楽しんでもらえるか、いかに「甲州という担当に頼んでよかったな」と思ってもらえるかに、いつも心を砕いていた。相手の興味や家族構成などによって、どんな話がいちばん喜ばれるのかをつねに考えていた。

だからこそ、契約者たちの口から出る甲州の話はどれも異なるものばかりで、子煩悩の甲州、ゴルフに入れ込む甲州、野球選手に憧れていた甲州と、通り一遍ではないのだろう。しかも「こう訊かれたらこう答えよう」という入念な準備のもとに選ばれている雑談であったに違いない。Bはそう確信している。

後輩Cは、甲州と同じく、自らの出身会社でもあるリクルート関係の契約者をメインに引き継いだ。後任の挨拶時に契約者たちの口々から出てきたのは、甲州への感謝の言葉ばかりだった。

「子供が生まれたときに、プレゼントをすぐに贈ってくださったんですよ」

「新しい会社をつくったとき、いろいろ心配して連絡をくれたんだよね」

「仕事のほうはどうなってるか？って、タイミングよくハッパをかけて励ましてくれたんですよ」

ライフプランナーとして、縁を持った人の人生を契約後もずっと見守っているスタンスがじんわりと伝わってくる。なによりこれこそが、この仕事の基本なのだ。自分は契約者たちに対して、果たしてどれだけのことができているだろうか。Cはいままでを振り返り、これからを考えた。

「甲州さんは毎年ちゃんと電話をくれはったよ」(顧客の証言)

引き継いだ顧客の言葉から浮き彫りになった甲州独自の〝絆〟

甲州の契約を引き継いだ四〇人のライフプランナーたちは、まずは電話や手紙で挨拶をしたあと、時間を見つけては一人一人、契約者を訪ねて回った。なかには遠隔地のため、なかなか訪問できないケースもあったが、とにかく失礼のない対応をとることを心掛けた。甲州の顔に泥を塗るわけにはいかない。それが共通の思いだった。だが、契約者たちにとって甲州の存在は、想像以上に大きい。そのことを後任者たちは、引き継ぎを通じて痛感した。

年末のこと、同僚のHが引き継いだ関西の社長から電話が入った。

「あ、Hさん、先週ね、うちの年払いの分、引き落としになったいうて経理から報告があがったんやけど」

「あの……社長、なにか問題がございましたでしょうか？」

「いや、だからさ、うちの口座にお金がはいってたからよかったけどね」

「はあ……」

「甲州さんは毎年ちゃんと電話をくれはったよ。『その後お変わりありませんか？来週、引き落としになりますので、よろしくお願いします』って」

Hは事前連絡を忘れたわけではなく、そもそも、年払いの引き落としの案内をするという発想がなかった。社長は、やさしく教えるような口調で続けた。

「あのねー、年に一遍のこの連絡って、お客さんフォローの唯一の機会でしょ。それをやらんでどうするの。しっかりなさいよ」

Hは平謝りで電話を切ったあと、さっそく翌年の手帳を開く。一二月中旬の欄に「××社長にお電話」と予定を書き入れた。

同僚で親友のAも、後任の挨拶に訪れたときに、ある社長から苦言を呈された。他の法人への対応に予想以上に時間がかかり、訪問する時機を逸してしまっていたのである。引き継ぎを始めてから、既に一か月が過ぎていた。その社長は、甲州を紹介された知り合いから耳にしていた話題を振った。

「聞いたところによると、社内で甲州さんの追悼本をつくってるって話じゃない」

「はい。ぜひ社長にもインタビューにご登場いただきたいと……」

「甲州さんのためなら、僕に協力できることはさせてもらいますけど、なにか順番がおかしくない？　まずは本業である生命保険の引き継ぎをちゃんとやってからの話じゃないの？」

「はい……おっしゃるとおりで、申し訳ございません」

社長は哀しそうな表情で言った。

「君たちは、甲州さんがもっとも嫌うことをしていると僕は思うよ」

Aは、なにひとつ言葉が出なかった。社長がそこまで甲州を思っているという気持ちに感謝の念が湧いてくる。同時に、甲州が築いてきた信頼を損なってしまった自分の情けなさを痛感し、ただただ深く頭を下げるしかなかった。

数か月後、その社長へのインタビューがおこなわれた。社長は二時間にわたって甲州との思い出を語った。甲州と同じ母校の話に及んだとき、社長はふと校歌を口ずさんだ。甲州とのカラオケでなんども聞かされ、歌詞を覚えていたAもつられて歌い始める。社長室のソファーに座ったまま、二人はしばらく手振り交じりで校歌を歌い続けた。引き継ぎ当初の気まずい雰囲気は消え去っていた。

同僚のHが、関西の社長にセールスとしてあるべき姿勢を教えられてから、一年が過ぎようとしていた。Hは電話をかけた。

「社長、昨年は失礼いたしました。来週お引き落としになりますので、よろしくお願いいたします。今後ともまた、いたらぬ点など、ご指導ください」

「おう、Hさんか。連絡おおきに。やればできるやないの」

Hは電話を切ると、翌年の手帳を開く。そしてまた、新しい書き込みを入れた。

「この人なら大丈夫だって思ったんですよ」
(顧客の証言)

インターフォン越しでも顧客の心を融かす理由

その日、後輩のSは神戸にいた。

甲州の契約者だった女性社長Yに、引き継ぎの挨拶をするため、東京からの新幹線を降りたところだった。タクシー乗り場へ向かうSの心はどんよりと曇っていた。Y社長から数日前に、こんなメールが届いていたからである。

「甲州さん以外の人と契約を続けるだなんて、私には考えられません」

甲州は、生命保険という商品ではなく、自分という人間を買ってもらえるようなライフプランナーを目指していた。だから、Y社長の反応は、むしろ当たり前といえる。だけど……と、Sは思う。甲州さんの心がこもった生命保険なのだから、このまま契約を続けてもらいたい。そのほうが甲州さんも喜ぶはずだ。どうしたら、心を開いてもらえるだろうか……。

車窓に流れる神戸の街並みなど、Sの目には入らなかった。タクシーを降りて、Y社長の自宅マンションの前に立ったとき、Sは数年前のあるシーンをふと思い出した。甲州のセールススタイルを勉強させてもらうために、初めて同行したときのことである。

その見込み客は生命保険のセールスパーソンへの警戒心が強く、まだ打ち解けていないことを甲州から聞いていた。客のマンションに到着して、「さあ、まもなく甲州さんのセールスが間近に見られるぞ」とSが思った瞬間のことだ。

甲州はインターフォンのカメラすれすれにまで顔を近づけると、ニカーッと笑って、呼び出しボタンを押したのである。

「こんにちは！　プルデンシャル生命の甲州です！」

予想外の光景にSは一瞬呆気にとられた。そして、思わずこみ上げてくるおかしさを懸命にこらえた。エントランスを抜け、エレベータを降りて進んでいく。

するとと、見込み客は玄関のドアを開けながら、心からの笑顔で二人を迎え入れてくれた。きっと、インターフォンでの挨拶が効いたのだろう。相手の心をほぐして安心感を与えたいという一心で、甲州本人は大まじめにやっていることが、他人にはときにコミカルにも映ってしまう。そんな第一印象をきっかけに相手に受け入れられ、「面白い人がいるから会わせるよ」と知り合いへの紹介にもつながるのだとSは気付いた。


あのときと同じように、いま、目の前にインターフォンとカメラがある。

不安で気の重いのは、むしろ、見知らぬ後任に自分の生命保険が引き継がれることになってしまったお客さまのほうではないだろうか。Sは気持ちを切り替えると、鼻がくっつくほど顔をカメラに近づけて、ハキハキと挨拶をした。

「こんにちは！　プルデンシャル生命のSです！」

エレベータを降りて部屋の前に立ち、玄関の前でドキドキしながら待つ。間もなく、ドアが開く。旧知であるような親しみをたたえた笑みで、Y社長は迎えてくれた。

その後の歓待ぶりは、Sの想像を大きく超えていた。後任者として契約を任され、そのまま家族との夕食にも招待され、翌日にはあっという間に会社の部下数人を紹介されたのである。甲州さん本人もエネルギッシュだったけれども、甲州さんのお客さまも、エネルギーにあふれた人のなんと多いことだろう……。昨日とは打って変わって、新神戸の駅に向かうSの心は晴れ晴れとしていた。

なにより、帰り際にY社長から掛けられた言葉は忘れられない。

「インターフォンでのお顔を見て、この人なら大丈夫だって思ったんですよ」

〈こぼれ話〉甲州メモリアルカップに参加した面々

甲州が亡くなってから約二か月後、甲州の誕生日である八月一八日に、木更津のゴルフ場でコンペが開かれた。とくに親しい付き合いのあった社長たちと、社内のゴルフ仲間、総勢二四人が勢揃いすることになった。

「多忙な社長たちがこんなに集まってくださるとは……」

親友のAは、その顔ぶれを眺めながら、甲州がいかに慕われているかを知った。コンペの開催を発案し、幹事として企画を担当したK社長は、自作の横断幕を一番ホールに掲げた。「甲州メモリアルカップ」という文字が風にたなびく。

始球式のティーグラウンドには、もっとも親交の厚かったN社長が立った。じつは甲州は、イップスという運動機能障害に悩んでいた。だが、それにめげることなく、変則的かつユニークなフォームでゴルフを愛し続けていた。そんな姿勢に敬意を表してN社長は、甲州のマネを大げさに身体いっぱいで表現してスイングする。一同の笑いが歓声に変わり、球は気持ちよさそうにフェアウェイの真ん中をスーッと抜けていった。

第一ホールでは、参加者全員が同じ一本のドライバーを使って、一打目を打った。これは、甲州が懇意にしていたクラブ職人がつくったもので、数か月前に甲州がオーダーしていた特注品だった。ナイスショットがあると「甲州さんが力を貸してくれた」、ミスショットをすると「甲州さんがいじわるをした」と口々に言いながら、誰もが甲州と一緒にプレーを楽しんでいた。

ラウンドを終えると、一同は甲州がひいきにしていた焼き肉店へと場を移す。そこでは甲州夫人も加わり、参加者一人一人に礼を伝えた。甲州は、夫人を同伴して家族ぐるみで契約者や社内の仲間たちと付き合うことが少なくなかったため、夫人とは顔なじみの参加者が多い。

コンペの表彰式にも趣向が凝らされた。賞品として、参加者それぞれが甲州をしのぶ品を持ち寄っていたのだ。ある社長は、酒の飲めない甲州が唯一好んでいたクアーズ・ライトという軽めのビールを段ボール箱ごと運んできた。この日のために、わざわざハワイから取り寄せたものだった。

また、ある社長は、甲州の母校のグッズを買おうと大学構内の生協まで足を運んだが、改装工事で閉店中だったためやむなく断念した。代わりに、知る人ぞ知る野球専門店に出向いて、甲州が大好きだった長嶋茂雄グッズを包んでもらう。

他にも、甲州のとっておきの写真や、甲州がスーツの下に履いていたものと同じ膝下までの丈長ソックス、愛読書の『ゴルフダイジェスト』などがズラリと並んだ。そのひとつひとつに、甲州への思いが込められていた。

店に据え付けてあるテレビでは、さまざまなシーンが編集された甲州のビデオ映像が流された。それを見ては、みんなは甲州を思い、泣いたり笑ったりしながら思い出を語り合う。そうしてまた、甲州の伝説が、あちらこちらのテーブルで広がっていった。

甲州伝説Ⅵ

素顔の甲州賢、その原体験

家族思いの甲州は、顧客や仲間たちに、家族のエピソードをよく話していた。厳しく育ててくれた両親のおかげでいまの自分がある。いつも支えてくれる妻や子供たちのおかげで頑張ることができる――。

甲州賢という人間を育んだ幼少期や、野球に明け暮れた少年時代はどんなものであったか。また、家庭ではどんな素顔を見せていたのかを紹介する。

「試合で控えのとき、監督の前で素振りをして売り込んでた」

（先輩の証言）

共に白球を追ってから二〇年、長嶋一茂先輩にようやく褒められる

立教高校で野球をやっていた甲州には、一年先輩の長嶋一茂が守っていたファーストの控え選手として、練習に励んでいた時期があった。

当時のこんなエピソードがある。広島への遠征試合の出発前、生まれて初めて飛行機に乗るという甲州に、一茂は言った。

「いいか、飛行機っていうのはな、靴をちゃんと脱いでから乗るものなんだぞ」

先輩の教え通り素直に、甲州はタラップで靴を脱いでから機内へと入り、飛行機が苦手だった一茂を笑わせてリラックスさせた。

甲州の一年後輩だったKは、もっとも印象的な思い出を一茂に語った。

「雨天の体育館練習のときに一茂さんが、みんなの前で芸をやれって甲州さんを指名したんですよ。そしたらなんと、一茂さんのエラーのマネを甲州さんがされたんです。遠慮することなく、堂々と。ふざけんなって一茂さんが怒って、甲州さんにヘッドロックかけたの、いまでも覚えてます」

「ハハハ、そんなことあったかな。たしかにオレ、派手な万歳エラーしたこともあったけどさあ」

プルデンシャル生命でも、仕事の後輩として甲州と付き合いのあったKは、甲州のセールスマンとしての業績を一茂に伝え、写真の載っている本を手渡した。

「これがあの甲州？　あいつ、昔はとろーんとした目をしてたよな。でも、変わったね。ホント、いい顔になった」

嬉しそうに頷くKに、一茂はこう言った。

「そういえば、甲州はベンチで控えだったときも、監督の前でブンブンと素振りをして、自分を使ってくれって、売り込んでたものな。その姿勢っていうのかな、それは覚えてるよ。

そうか、あいつ、セールスで成功したのか」

「それが一年間できなければ、野球は続けさせない」（父の証言）

星一徹のような父から教わった〝やればできる〟

父・博行はその日、勤めを終えて帰宅するやいなや、長男・賢（＝甲州）の手を引いて公園へと向かった。幼稚園のなかでもいちばん背が高いのに、ジャングルジム遊びや木登りもできない息子の臆病さを今日こそ変えてやる。博行は五メートルほどの鎖をよじ登る遊具の前で立ち止まると、上まで登っていくように賢に命じた。

半分も登れずにいる息子の尻をめがけて、博行は小さな石を拾い集めて投げていく。

賢は慌てて上の鎖へと手を伸ばし、足を持ち上げた。息子のウワンウワンと泣く声と、鎖がガチャガチャとこすれ合う音が夜の公園に響いている。やがて、遊具のてっぺんにたどり着き、鎖にギュッとしがみついた賢を見上げて、博行は叫んだ。

「ほらみろ、やればできるじゃないか！」

博行は、当時の人気アニメ「巨人の星」に夢中だった。高度成長期、自らも昼夜を問わずに懸命に働き、主人公・星飛雄馬とともに夢を追う父・星一徹に、自分を重ね合わせていたのかもしれない。賢の友だちの間で、世界一コワいお父さんと噂されているのは知っていた。

母・瑞枝も賢を甘やかすことなく育てた。小学校三年になって背丈もいっそう伸びたというのに、もっと身体の大きないじめっ子に泣かされて帰ってきたときも、ほうきを持たせて、やり返してくるようにとたきつけた。

いじめっ子には勝てない。だが泣いて帰ると怒られる。やがて賢は一計を講じたようだった。すっかり泣き止んでから家へと向かい、玄関脇の土を顔にこすりつけて、果敢に戦ってきたかのように装ってから帰ってくる息子の様子を母は知っていた。名前のとおり賢いね、と瑞枝は大らかに笑うが、博行には苦々しく感じられた。

だから、小学校五年生のとき、少年野球を並んで見ていた賢から、「お父さん、ぼく、このチームに入りたい。プロ野球選手になりたい」と言われたときは嬉しかった。高い目標を掲げ、スポーツで心身を磨くことは息子にとってかならずプラスになるだろう。

入団するとたちまち賢はエースの座につく。妻はソフトボールの選手で国体にまで出たほどだから、血をひいているのかもしれないと博行は思った。

だがその直後、博行をまたもや失望させる出来事があった。全校マラソン大会で、賢は惨敗して帰ってきたのである。肥満児になっていたこともあり、スタート直後に転倒し、完走がやっとというヨタヨタした足取りでゴールした。アマながらも区の記録を持つ中距離ランナーの博行はショックを隠しきれなかった。

「お前が野球をやりたいというから、小学生チームに入るのを許した。だけどマラソンもロクに走れないようじゃ、完投もできずにチームに迷惑をかけるだけだ」

うなだれる賢に、生涯初となる高い年間目標が設定された。

「毎朝ランニングをしなさい。それができなければ野球は続けさせない」

賢はその言いつけを愚直に守った。冬の寒い日も、まだ暗いなかを外へと出ていく。休みの日には博行も一緒に走った。その光景は、『巨人の星』のオープニングタイトルで、星一徹と星飛雄馬の父子が走るシーンそのものだった。

翌年のマラソン大会で、賢は前年とまるで違う走りを見せた。

「ほらみろ、やればできるじゃないか！　よくやった」

博行は顔をくしゃくしゃにして、全校で一位のゴールを切った我が子を讃えた。


自分より弱いものとケンカをしたり、正々堂々としない態度を見せたりしたことを妻から聞きつけたときは、残業帰りの深夜でも賢を叩き起こして説教をした。そんなことが続いたある晩、賢の部屋へと叱りに向かった博行は、そのまま茶の間に引き返すことになった。

「あの子は賢いのよ」と妻は笑っている。

「まだ小学生のくせに要領ばっかり覚えやがって」と博行は苦笑した。

賢の部屋のドアには貼り紙がテープで留められ、こう書かれていた。

〈お父さん、ぼくがわるかったです。でも、おこるのは明日の朝にしてください〉

「突然の病いでしたけど〝逆にこの状況を楽しんでしまおう〟って」（妻の証言）

妻が共に歩んだ日々——ピンチを前にしても逃げない強さ

甲州の妻は、小学校時代に甲州の同級生だった。

彼女が小学五年生のある日、クラスに転校生がやって来た。ヒョロッと背の高い男の子は、黒板の前に立って、ハキハキと自己紹介をした。

「こうしゅうまさるです！　みなさん、よろしくおねがいします！」

運動の得意だった甲州は目立つ存在だった。身体はいちばん大きいのに声変わりをしてないキンキンする高い声で、元気によくしゃべる。授業中の私語を教師から注意されるのはいつものことで、珍しく静かにするとこう言われた。

「甲州くん、今日はえらかったねぇ、一回もおしゃべりで注意されなかったねぇ」

中学では別のクラスになり、高校は違う学校へ通ったため、お互いほとんど見かけることもなくなった。そんな二人が再会するのは、彼女が短大を出て幼稚園の先生になった頃のことだ。スポーツや旅行を一緒に楽しむ地元出身者の仲の良いグループに、大学三年になっていた甲州が加わったのである。

甲州は、相変わらずおしゃべりだった。小学生のときと違うのは、周りの人を楽しませることだ。どこまでが嘘か本当かわからないような語りぶりに、聞いている者は大笑いする。〈甲州は将来、話術を活かした仕事に絶対就くであろう〉。当時、仲間たちで書いたノートのなかにそんな一文が残っている。

だが、彼女が知らない高校時代の甲州はずいぶん様子が違っていたようだ。

「甲州くんは僕たちにとっては癒しの存在だった。みんなの前に出しゃばってなにかするようなことは決してなくて、いつもちょっと後ろからニコニコ笑って、うんうんって聞いてるような、そういうキャラだった」

あるとき、同級生からそんな話を耳にして、彼女はとても驚いた。野球部でなかなかレギュラーになれなかった高校時代は、それまで勉強も運動もトップクラスだった甲州にとって、辛い時期だったのかもしれない。だが、成功ばかりの自信満々な学生時代を過ごすよりも、ずっといい経験だったのではないか。それがあるからこそ、その後、仕事であれだけ頑張れたのだと彼女は思う。

結婚から六年、甲州がプルデンシャル生命への転職を決めたとき、「あ、来たな」と彼女は思った。新卒で就職した会社から飛び出した夫のことだから、スキルアップのための転職は今後も絶対あるだろうし、「自分はもっとできる」と思っているのもわかっていた。自分を向上させるための決意なら、喜んで応援するつもりだった。

プルデンシャル生命では、生命保険セールスの「土台づくり」として、最初の二年間を位置づけている。フルコミッションの報酬を三年目からと設定しているのもそのためだ。最初の一年目から好成績をあげた報酬がそのまま入ってきたら、土台づくりに集中できなくなる。好不調の波の少ないセールスのスタイルや、生命保険を提案する者として望ましい習慣をつけることを優先しているのである。

通常、二年間はそれでまかなっていけるのだが、甲州の場合は貯金がちょうど二年で底をついてしまった。マンションのローンが残っていたせいでもあったが、それ以上に家計を逼迫させたものがあった。

「お客さまにお会いするのに、身だしなみの失礼があってはいけない」

甲州は金がなくても、スーツや靴にはそれなりのものを買い揃えていたのだ。

彼女は家計をなんとかやりくりしていたが、三年目まであと数か月という頃に、仕事のための高額な出費が生じることになってしまった。

「困ったな。お金もないし、どうしようか?」

「そういえば駅前のスーパーで、冬のボーナス一括払いって、よく店内アナウンスしてるよね……」

「そうか、クレジットカードで半年後払いという手があるな！　ハハハ、これで無事、解決だ」

そんなギリギリの状況で寝る間もなく働いていたときでも、甲州は家族との時間を大切にしていた。ドタキャンなどのおかげでできた数時間の帰宅のあいだにも、必ず息子を公園に連れ出し、ゴムボールで一緒に遊ぶようにしていたのだ。疲れきっているはずだが、家でゴロゴロと寝転がったり仮眠をとったりすることはなかった。わずかな時間でも子供と過ごすようにしている甲州の姿を見て、彼女は胸を打たれた。それは、いままで見たことのない光景だった。

生命保険のセールスという仕事が、彼をそうさせているのかもしれない。彼女は小さな変化を感じていた。

二年間で土台をつくり、三年四年五年と順調に歩んでいた甲州の行く手に、影が差した。

ある日、クルマを運転していて渋滞に巻き込まれた途端、心臓が破裂しそうなほどにドキドキし始めた。最初は病名さえもわからなかったが、調べてみるとパニック障害の症状だった。カウンセリングや心療内科や東洋医学と、さまざまな医者にもかかったが、これといった改善は見られなかった。できるだけ渋滞を避け、満員電車には乗らない。発作が出ないよう、まずは毎日の行動から不安要素を取り除いていくしかなかった。

「じっくり休養しよう」という発想は甲州にはなかった。大好きなセールスをどうしたら続けられるのかという方向で考えたのである。

いちばんの原因はストレスで、仕事を休んでゆったり暮らせば、治っていくということは、本人もわかっていたはずだ。だが、そうしようとはせず、自分の目標もどんどん高いところに設定していく。それならその方向についていくだけだ、と彼女は思った。

一人ではクルマを運転できない甲州のために、彼女はできる限り同乗するようにした。土曜日曜は、子供たちも一緒だった。「今日もドライブだよ」と、小さな子供を二人連れて、四人でクルマに乗り、個人顧客のセールスへと向かった。子供はわけがわからないまま、仕事をしているあいだは近所の公園でずっと彼女と一緒に遊んでいた。甲州が戻ってくると「じゃあ帰るよ」とまたクルマに乗る。そんな週末を繰り返していた。

彼女は、一人では電車に乗れなくなった甲州と、一緒に通勤するようにもなった。混雑が避けられるグリーン車に座り、コーヒーを飲み、彼女がつくったサンドイッチを朝食にほおばる。食事を終えると、甲州は携帯プレーヤーで音楽を聞いたり、彼女は本を読んだりしていた。毎日、そうやって二人で支社のある品川までの車中を過ごし、彼女は自宅へとトンボ返りしていた。

安心できる人となら乗り物に乗って、外に出られる。人ともふつうに会える。重症だと一歩も外出できなくなってしまう人もいる。「こんなに軽くてありがたいと思わなければ。私がいつも一緒にいることで成り立ってるんだったら、これはこれでいい。逆に、この状況を楽しんでしまおう」と彼女は考えた。

妻が夫と毎日一緒に出かけることなど、一般的には考えられないことだ。ときにはランチを共にした。「美味しいお店を人に聞いてきた」「じゃあ、そこに行こうよ」。食事中は子供たちの話になることが多く、教育について相談するいい機会にもなっていた。

彼女や子供たちだけが知っているふだんの甲州は、ジャージ姿が多い。リビングのソファーにデレーンと横になってリラックスしていた。緊張感で張り詰めた毎日を過ごしているから、家ではゆったりできるようにと、彼女も考えていた。ゴルフが大好きな甲州は、ゴルフチャンネルをつけっぱなしにし、寝る前にもゴルフの雑誌を見ながら楽しいイメージを浮かべて、いい気分で眠りにつくようにしていた。

だが、それも次の日の仕事のためである。朝になって、スーツを着てネクタイを締めた瞬間には戦闘態勢に切り替わるのだ。仕事に関わる持ち物や、靴やスーツには完璧を期さないと気が済まない。

「こんな失礼な格好では、お客さまのところに行けない」

スーツのプレス具合が甘かったり、靴がピカピカでなかったりすれば、朝からやり直しだった。その反対に、仕事以外のことはまるで気にかけない。ホコリがたまっていても何とも思わないタイプで、すべてに几帳面というわけではない。甲州には細かい面と大ざっぱな面の両方があった。これはプルデンシャル生命に入社する前から、ずっと変わらなかった。

もうひとつ、変わらないことがある。小学校で転校生としてやってきたときも、お互い成人してから再会したときもそうだったように、家庭のなかでも甲州はよくしゃべった。仕事仲間のこと、顧客のことを子供たちにも話していた。甲州本人が面白くてたまらないと感じている話を、家へ帰ってくるなり、子供たちに興奮気味に伝える。子供たちは身を乗り出し、目を輝かせて聞いていた。

とにかく甲州は夢中になって語り、子供たちにいつもなにかを伝えようとしていた。

〈こぼれ話〉おしゃべりも白球も受け止めた、母親のキャッチャーミット

賢が中学・高校の頃は、友人たちがしょっちゅう自宅へと遊びに来ていた。母の瑞枝は彼らを気持ちよく迎えた。賢は学校での出来事を母・瑞枝になんでも話していた。先生に褒められたり、なにか嬉しいことがあったりすると、バタバタ駆けて学校から帰ってきては「今日ね、学校でね」としゃべり続けたのである。

そんなこともあり、賢がどんな友人と毎日なにをしているかを瑞枝はよく知っていた。友人が遊びに来ると、名前を聞いただけで「これが賢があのとき話していた○○くんね」とすぐにピンとくるほどだった。

友人たちがやって来るたびに瑞枝は、彼らにご飯を食べていくように勧めていた。好評だったのは手作りの餃子だ。いちどに一〇〇個も焼いて、ふるまったこともある。

賢の少年時代、甲州家では引っ越しが多かった。賢がぜんそく気味だったため

に都内から空気のきれいな郊外へ移ったり、家が手狭になったりしたためだ。

母・瑞枝は新しい土地でも、すぐに近所の人たちと仲良くなった。瑞枝には、「あの人は苦手なタイプ」という先入観を持つことが決してなかった。どんな相手に対しても懐を開く。団体旅行に出かけても、初対面の人たちへ気軽に話しかけ、あっという間に友人になっているという調子だ。サバサバした性格と、ずっとスポーツを続けていたことも影響しているのかもしれない。瑞枝は昔、ソフトボールの選手として国体に出場したこともあった。

だから、賢が野球を始めたときに真っ先にキャッチボールの相手をしたのは、父親ではなく、母親の瑞枝だった。それも、キャッチャーとして、しゃがんでミットを構えて息子のボールを受けた。父・博行が休みの日には、バットとグラブとボールを持ち、家族四人で公園に出かけた。そのときも、賢がピッチャー、瑞枝がキャッチャーだった。博行はバッター、妹は草むらで球拾いにちょこちょこと走り回った。

社会人になり、転職してリクルートで働くようになった賢は、瑞枝のもとへ友人を連れてきた。とはいえ、実家にではない。

「お母さん、こちら、僕の同僚のAくん」

「ああ、Aさんのことはいつも賢から聞いてますよ。お世話になっていますね」

エプロン姿の瑞枝は、カウンター越しに明るく挨拶をする。料理好きと器好きと世話好きが高じて、瑞枝は小料理屋を営むようになっていたのである。

Aはその後なんども店へ足を運んでは、賢や瑞枝と会話を楽しんだ。常連とおぼしき客たちが、瑞枝の人柄を慕って集まってくるようだ。調理と接客を段取りよくスピーディにこなしている瑞枝の姿に、「なるほど、この母にしてこの子あり」と、Aは賢のルーツを見るような思いがした。

「今日はちょっと忙しいけど、賢とAさんはまず、これでも食べてなさい」

二人がハフハフと頬張ったのは、店の看板メニューでもある、焼きたての手作り餃子だった。

甲州伝説Ⅶ

セールスマンなら知っておきたいゴルフテクニック

甲州は三五歳にして初めてゴルフをするようになった。法人マーケットを開拓する手段として始めたつもりが、いつの間にかゴルフを深く愛するようになる。

スーツを脱いでゴルフウエアに着替えても、つねに上を目指してとことん追求する甲州の姿勢は変わらなかった。契約者の社長相手であっても付き合いではなく真剣勝負を挑み、後輩たちにはマナーを徹底して教え込み、突如として自らに襲いかかってきた運動機能障害に苦しみながらも果敢に立ち向かう——。

そんな甲州とゴルフの、甘く苦い関係について紹介する。

「野球をやってたわりには、ゴルフは下手ですねー」

（後輩の証言）

法人マーケット開拓のため、帰宅後に毎晩一〇〇〇球を打つ

「いよっ、甲州、しっかり話せよ」と、かけ声が飛んだ。

支社の朝礼で、甲州がスピーチに立っていた。生命保険セールスの土台づくりとなる二年間を好成績で無事に乗り切り、三年目を迎えるにあたっての決意を述べる場だ

った。甲州は一年目と二年目のスピーチでも、高い目標を公言してそれを実現してきた。今年はどんなことを言い出すのか。フロアを埋め尽くした約二〇〇人の同僚が注目するなか、甲州は話し始めた。

「私の三年目の目標は、法人マーケットの開拓です」

長くセールスを続け、毎年業績を伸ばしていくためには、個人顧客だけでは限界を感じる者も少なくない。多くの先輩たちがそうしているように、法人顧客に目を向けるのは当然の流れだ。同僚たちはこれといった反応も示さず、話の続きを待っていた。

「そのために私は、ゴルフを始めることにしました」

これも自然なことだ。とくに甲州は酒が飲めないため、ゴルフでもたしなまなければ、法人の社長たちとの付き合いは難しい。さらに、甲州は続けた。

「一年後には、かならずシングルで回れるようになります！」

ここで支社の同僚たちから、ドッと声があがった。大胆な宣言を冷やかす者、激励する者、さまざまである。甲州は、大きな目標を掲げて自分を追い込んでセールスを伸ばしてきたように、ゴルフでも同じ方法をとろうとしたのである。

それは甲州にとって、無謀とも言える目標だった。当時のスコアは一三〇前後で、シングルにはほど遠かったのである。一緒にラウンドした後輩は遠慮することなく言った。

「あれ？　甲州さん、野球をやっていたというわりには、ゴルフは下手ですねー」

後輩の言葉にも発奮した甲州は、ふつうに勤務時間を持つビジネスマンとは思えないような猛特訓を始める。先輩たちの練習が終わって辺りが暗くなってからグラウンドで練習した野球部のときのように、仕事を終えて夜遅く帰宅したのちに近所のゴルフ練習場へと通ったのである。しかも、毎晩一〇〇〇球というノルマを課した。それも本人にしてみればまったく苦にはならない様子で、むしろ得意気に周囲へ話していた。

「いや〜、昨日も一〇〇〇球打っちゃって、今日は筋肉痛ですよ、ああ痛い」

数多く打つだけではなく、レッスンプロを付けて、基礎からみっちりと技術をたたき込んでもらった。さらに、複数のゴルフ雑誌を毎号欠かさず熟読するようになり、ゴルフ専門の有料テレビチャンネルにも加入した。

どうずれば遠くにまっすぐな球を飛ばせるのか。どうすればピンへとうまく寄せられるのか。セールスを極めることを目指していたのと同じように、ゴルフも極めなければ気が済まなくなってしまったのである。

当時、甲州家では、こんな光景が見られた。

甲州が練習場に行っているあいだ、妻は毎晩のように裁縫仕事をしていた。すぐにボロボロになってしまうグローブを繕っていたのである。接ぎだらけのグローブと、数本のクラブを持って夜な夜な出かけていく甲州を、幼かった次男は手を振って見送った。

「お父さん、お仕事がんばってね」

父親の職業はプロゴルファーだと思い込んでいたのである。

「道具の話やったら、好きな社長も多いから、喜ばれるやろな」

(元同僚の証言)

ゴルフのスコアが伸びなくても、各メーカーの最新情報は押さえる

「よお、甲州、今日はどうしたん?」

その日、甲州はプルデンシャル生命の某支社に顔を出した。商談で近くまで来たついでに立ち寄ったのだ。支社長のKが甲州に気付き、声をかける。

二人はともにリクルート出身で、以前は同じ支社の仲間でもあった。そしてなにより、甲州にとってKは、因縁深いゴルフのライバルだった。「一年でかならずシングルプレーヤーになる」という甲州の宣言を目の前で聞いたときにKは、すかさず言った。

「ハハハ、おもろいやん。お前の腕じゃシングルなんて無理やろうけど、一年たったらオレと勝負しよ」

一年後のラウンドの結果は八八対一三三で、甲州のボロ負けだった。帰りの車中、ハンドルを握る甲州の横で、Kは支社の仲間たちに結果を報告した。彼らの笑い声が、携帯電話から響く。甲州のサングラスの下からは、涙がぽろぽろと流れ落ちている。

Kは、こいつホンマにおもろいヤツやなあ、と思いながら訊いた。

「甲州、泣くほど悔しいってどういうこと？　オレにわかるように言うてみて」

「高二の夏っ、甲子園までっ、あと一歩の県大会決勝で敗れました！　そのときと同じくらいっ、悔しいです！」と、高校球児のように甲州は答えた。

負けず嫌いの甲州は練習に励み、雪辱を果たすべく対決を挑んできた。だが、いちどたりとも勝つことはできず、「オレの相手をするには百年早いわ」といつもKにからかわれていた。

Kの支社に所属するO営業所長も、甲州のゴルフ仲間だった。独身のOは趣味への入れ込みも激しく、ゴルフクラブへのこだわりなら人には負けないと思っていた。ところが、甲州と一緒に回ったとき、自分の甘さを思い知らされる。

なにしろ、クラブ職人と懇意にして、オーダーメイドのクラブを揃えている甲州である。ヘッドやシャフトの素材や微妙な角度までを知り尽くし、プロギアからキャロウェイ、ヤマハと、それまで使ってきた各メーカーの最新情報もすべてぬかりなく押さえているではないか。ウエアも上から下までプロ仕様で、特注もして揃えているらしい。

この人はセールスでトップの成績を挙げながら、ゴルフの勉強をいったいいつしているのだろう?

Oは不思議で仕方がなかった。

そんな話をO営業所長から聞いていたKは、いかにも甲州らしいなと思っていた。ゴルフの腕がなかなか上がらないから、きっと路線を変更したのだろう。

甲州は頑固一徹に我が道を行くように見られているが、じつはこうやって柔軟に自分を変えることができる人間なのだ。かねてからそう見ていたKは、支社に立ち寄った甲州に、ニヤニヤしながら話しかけた。

「甲州さあ、お前、ゴルフは下手やけど、クラブにめっちゃ詳しいらしいな。どうせお前のことやから、とことん猛勉強したウンチクなんかを語って、お客さんたちを喜ばしてるんやろ？」

「あ、バレました？」

　すると甲州は、嬉しそうに言った。

「お前の腕前じゃ、プレーで盛り上げることは、でけへんしなぁ。だけど道具の話やったら、好きな社長も多いから、喜ばれるやろな」

「ハイッ」

「恥だと思ったらできない。チャレンジだからできたんです」

（クラブ職人の証言）

イップスで腕を振り下ろせない！それでもゴルフ場に通い続ける

水戸に住むゴルフクラブ職人のK氏と甲州が出会ったのは、ゴルフを始めてから三年目、二〇〇三年のことだった。長身で引き締まった身体のわりに、ドライバーでも二〇〇ヤードも飛ばない甲州のゴルフを見て、K氏は正直な感想を口にした。

「甲州さんのポテンシャルで、今日のようなゴルフはないですよね」

「でも、僕はうまくなりたいんです。八〇台で回れるようになりたいんです」

東京のショップでつくったというクラブはステンレス製だった。

「ああ、これが原因かもしれませんね」とK氏は言った。

ナイスショットの衝撃が腕に伝わる気持ちよさは、軟鉄でしか味わえない。アイアンの方向性を左右する「ライ角」を調整できるのも軟鉄しかない。そんな素材の特性を話しながら、甲州のクラブを試作することにした。

K氏は、さまざまなメーカーの最適なパーツを組み合わせて、道具としてユーザーに一〇〇パーセント合わせたクラブをつくる。ナイススイングのときだけにいい球が飛ぶクラブを使えば、うまく飛ばない原因は自分でしかなくなるから、練習のポイントを絞り込みやすくなる。甲州のスイングはみるみる別人のように変わり、スコアは半年で九〇を切るまでになった。

だが、好調も長くは続かなかった。甲州はイップスになってしまったのだ。イップスとは、メンタル的な原因などによって、自分が頭に描いた身体の動きがとれなくなる運動機能障害のことである。甲州の場合は、バックスイングの構えで固まってしまい、腕を振り下ろせなくなった。イップスはプロプレーヤーを引退に追い込むこともあるほどで、簡単には治らない。甲州もゴルフを続けるのは難しいのではないかとK氏は案じていた。

ところが、甲州はこれまでと変わりなく、契約者や同僚たちと一緒にゴルフ場へとやって来た。変則的でぎこちないフォームを見た誰もが、甲州はふざけているのだと思って、最初は笑う。しかし、ラウンドを重ねても同じスイングをやめない姿を見て、冗談ではないのだと悟るのである。

「このホールこそは負けませんよーっ」

ラウンドを盛り上げようとしている甲州の姿に、やがて誰もが畏敬に近いものを感じるようになる。他人の目よりも、ゴルフが好きな気持ち、早く治したいという思いが勝っているのだろう。

それに甲州は、セールスと同じように、ゴルフでもトップにいたかったのではないか。スコア上の勝負では負けても、打っている球の内容や、ある一打だけでも、なにかしらの優越感を持ちたかった。とはいえ、恥と思ったら続けられない。チャレンジだからできたのだ。K氏はそう思いながら甲州を見守り、できる限りのアドバイスを続けた。

二〇〇九年四月に水戸のゴルフ場で見た一番ホールのティーショットが、もっともひどかった。良くなってきたと聞いていたK氏はがっかりした。ホールを重ねても、状態はいっこうに上向かない。甲州はアドレスに入り、一本足打法のように上げた足を降ろす勢いを利用して、固まっている腕をかろうじてスイングさせているのだ。傍についていたK氏はふと思った。

これは、もはや自分が動かすしかない……。

K氏は構えに入る甲州の後ろにしゃがんで、甲州のズボンの腿あたりをギュッと引っ張るように握った。目の前には甲州のお尻がある。

「甲州さん、ちょっと試しましょう。僕が押したら気にせず打ってください」

バックスイングに入って腕が動かなくなるタイミングを見計らい、グイッと腿を押す。その刺激を与えることで腕が下りてくる。クラブが捉えた球がスカーンと一直線に飛んでいく。甲州は振り返ると、しゃがんでいるK氏と顔を見合わせた。

同じ方法を繰り返していくうちに、スイングは見違えるほどスムースな動きになった。甲州が構えて「じゃ、お願いします」と言う。K氏が後ろから腿を押す。それは他人から見たら異様に映る光景だっただろうが、二人には嬉しくてたまらない瞬間だった。

甲州は楽しさを抑えられないような口調で言った。

「Kさん、こんなふうにタイミングよく押してくれる機械をつくったら、イップス克服商品として売れますねぇ」

「人生、仕事、予習復習だッ、ゴルフも予習復習だッ……って」

(プロゴルファーの証言)

初対面の女子プロと自然に話せるほど、事前に情報を調べあげる

トーナメントプロのH氏が甲州に初めて会ったのは、水戸のゴルフ場だった。クラブ職人K氏からの紹介で、コーチを務めることになったのである。横浜でレッスンを受けてきたという甲州のスイングは、それなりの形こそ整っているものの、ボールに

力が伝わっていないのは一目瞭然だった。きれいに打とうとして、クラブが力強く下りず、トップやスライスが多い。横浜のコーチとまったく違うことをH氏は教えた。土を掘れ！　上からボンボンと叩くフルショットを繰り返させた。

休日のたびに水戸までやって来るほどの熱心さに、H氏も本気で応えたいと思うようになっていた。朝から晩まで、休憩すらろくにとらず、たいていはツーラウンド、最低でもワン・ハーフをいつも回る。それでも、甲州の口から「今日は疲れましたねえ」という類いの言葉が出たことはいちどたりともない。「まだ行く、まだ行く」と言い、絶対に弱音は吐かなかった。その甲斐があって、甲州はやがて八〇台へと腕前を上げた。プロの目から見ても、わるくないスイングだった。

これなら届くだろう。これならツーオンできるだろう。甲州はいつもプラス思考でプレーをしていたようにH氏には見えた。ボールを打ちにいくまでのイメージづくりはうまかった。だが、その通りには決していかない。ゴルフ自体が、一筋縄でいかない難しさを持つスポーツである。プロのH氏ですら、完璧だと思えるゴルフをいちどもできたことはないのだ。

ところが、甲州は完璧を求める。ボギーやダボは許せない感覚で、すべてパー以下で回ることをつねに目標としていた。自分にはきっとできると思ってゴルフに立ち向かっていたのに、あるレベルを超えたあたりから、どんどん逆の方向に行ってしまう。挙げ句にはイップスにも悩まされるようになってしまった。それが歯がゆくて仕方なかっただろうし、だからこそどんどん入れ込んで止められなくなってしまうのだ、とH氏は思った。

甲州の不調には、会員として通っていたゴルフ場にも一因があった。

「僕はあそこに行くと、おかしくなるんですよねぇ」

「そりゃ、おかしくなるって、甲州さん。あんなにコースがタイトなんだから。OBゾーンだらけでプレッシャーのかかるコースは一旦やめて、両サイドに土手があるような広いコースでやったらどうなの」

H氏のなんどもの進言を甲州は聞かなかった。そのコースに負けたと思いたくなかったのだろう。イップスになってもなお、後ろを向くことがない。

「人生、仕事、予習復習だッ」「ゴルフも予習復習だッ」「だからラウンドが終わっても練習しに行くんだッ」

甲州のそんな姿勢にH氏は共感し、プロとして逆に学ぶことも多かった。

あるとき、水戸で三組ほどの小さなコンペが企画され、海外でも活躍する女子プロゴルファーも参加することになった。彼女と親交のあるH氏は、甲州に声をかけた。

「彼女と同じ組では回れませんけど、一人空きがあるのでどうですか」

「ありがとうございます。喜んで参加させてもらいます」

コンペの当日、H氏は驚いた。甲州は女子プロのデータを調べあげ、しっかりと頭に入れてきているではないか。最近の優勝はいつか、どこで何勝しているか。

「あ、そうなの？　彼女、海外で四勝もしてたんだ」と、親しいH氏でさえ正確に知らない情報までも予習していた。

ゴルフでは甲州の格好いい姿を見てはいないが、仕事がデキるセールスマンとしての一端に触れた気がした。H氏があいだに入る必要もなく、「あの試合はこうでこうで、あのホールではこうでしたよね」と、初対面の女子プロとごく自然に、甲州は話していたのである。

顧客とのラウンドのため、マナーを徹底的に学び、一流に触れておく

「ああ、これが名門・川奈かーっ」

（後輩の証言）

甲州と三人の後輩は、ラウンジでお茶を飲みながら、小雨が止むのを待っていた。うっすらと濡れた芝のコースや、その向こうに広がる海をぼんやりと眺める。他には一組の客がいるだけだった。

四人は、夕暮れのリゾートにゆったりと流れる時間のなかへ身を漂わせていた。このゴルフ場を初めて訪れた三人の後輩は、同じことを心のなかで呟いていた。

「ああ、これが、川奈かーっ」

後輩たちの法人マーケット開拓に役立つようにと、甲州はセールスに加えてゴルフも教えていた。といっても、上達するためのコツなどではない。契約者や見込み客とのラウンドを想定し、ゴルフマナーを徹底的に叩き込んだのである。

「打つときに話しかけるな。ティーショットのときに後ろに立つな」

「ボールはそこにあるからカートはこの位置に止めろ」

「夕方になったら、打つ人の視線に自分の影がかからないような位置に立て」

紹介された社長とのラウンドに、勉強のためにと後輩を連れていったこともある。

後輩のHは、ある会計士からゴルフに誘われた際に、甲州から教えられたマナーを無意識のうちに実践していた。

数か月後、Hへ大きな仕事を任せたいと会計士から連絡があった。

「あなたのマナーがあんまり素晴らしかったので、この人になら自分の大切な顧客を紹介できると思ったんですよ」

三〇分もすると雨はやみ、四人はコースへと向かった。さっきまでのリラックスした空気とは一転して、緊張感がみなぎるラウンドになった。甲州のゴルフはいつもきまって、真剣勝負である。契約者の社長相手でも手を抜かず、親しい社長とはかなりムキになって競い合うほどだった。後輩たち相手でもそれは変わらなかった。川奈の難しいコースに開き直れたせいか、悩まされていたイップスの状態もひどくはない。九〇で回った甲州が、この日のトップに立った。

夕食の天ぷらを楽しんだあと、甲州はパターを手に部屋へ戻っていった。それを見た後輩たちは、「この人って、どれだけゴルフが好きなんだろう」と、ニヤニヤと顔を見合わせる。

一夜明けて、本コースでもある「富士コース」を四人は回った。一二番ホールの海越えでは、甲州は海ポチャを二度繰り返した。もちろん、甲州の悔しがりようといったらない。四人はふだんよりも多く叩いて、ようやくラウンドを終えた。だが、疲れよりも満ち足りた思いが勝っていた。

このゴルフ旅行は、支社内のキャンペーンで四人のチームが優勝した賞金で企画されたものだった。

「よし、せっかくだから、川奈に行こう」

「えー？　川奈でゴルフだなんて、僕たちにはまだ分不相応ですよ。ねえ、甲州さん、他のゴルフ場なら五回ラウンドできますから、そうしましょうよ」

すっかり腰が引けている後輩たちに、甲州は一歩も譲らなかった。

「なんて小さなことを言っているんだ。一流を知っておくのは、これからの仕事にもかならず役に立つ。名門コースの経験は、社長さんとの話題にもなる。ぜったいに川奈だ。オレが全部、手配しておくからな」

甲州は正しかった。コースの難しさ、行き届いた整備、レストランの仲居さんの気遣いなど、あらゆる面で名門の名に違わぬサービスを三人の後輩たちは肌で知ることができた。そして、強引に誘ってくれた甲州に感謝した。三人はこの二日間で、またひとつ、考え方を切り替えることができたのである。

自分にはまだ無理だと思っていたら、いつになってもステージは上がらない。思い切って飛び込めばいい。

あとがき

甲州さんには夢があります。

そのうちの三つをインタビューや資料から知ることになりました。

一つめの夢は、プロ野球の選手になることです。甲州さんはもっとも親しかった顧客と、ラウンドを終えたゴルフ場のレストランでこんな会話をしています。

「甲州さんは、生まれ変わったら、なんになりたいの？」

「バカだって言われるかもしれませんけど、神さまがもう一回チャンスをくれたなら、やっぱり巨人軍の選手ですね」

甲州さんの生まれ変わりとしか思えないような選手が、巨人軍に入団し、夜な夜な素振りを一〇〇〇回繰り返して、一軍へとのし上がってくる。そんなことが起こらないとはかぎりません。

二つめの夢は、定年までライフプランナーを勤め上げることです。講師を任された新人研修のなかで、「夢はなんですか?」という問いに対し、甲州さんはこう答えています。

「六〇歳になって、お客さまから、『もう十分尽くしてもらったよ、甲州さん、ありがとう』と言われて引退することが、僕の夢です」

夢としては地味に感じられるかもしれません。でも、これがどんなに大変なことか、セールスやサービス業に就くかたならわかると思います。そして、信頼関係で結ばれた多くの顧客たちと一緒に重ねていく歳月ほど、夢にあふれたものはありません。

この夢は、甲州さんの顧客を担当することになった同僚や後輩たちによって、引き継がれていきます。

三つめの夢は、五〇歳になったらセールスについての本を出版するということです。

「自らのセールス経験を論理的にまとめる、かなり分厚い本で一冊一万円、たぶん売れませんけどね、ハハハ……」と、甲州さんは具体的なイメージを描いていました。

本書にその代わりは果たせません。でも、ある後輩のかたがインタビュー中に、目を輝かせながら発した言葉はとても印象的でした。

「甲州さんは本を出したいとおっしゃっていて、甲州さんについて書かれた本の出版がこうして現実となった。念じていたことをちゃんと叶える。甲州さんって、スゴい人ですよね」


社内配布された追悼本と本書の執筆にあたっては、たくさんのかたから、ご多忙のなか、長時間にわたってお話を聞かせていただきました。印象的だったのは、湿っぽいインタビューはいちどもなかったことです。どなたも、楽しそうに笑いながら、甲州さんと過ごした時間について語ってくださいました。「顧客を見れば、担当セールスマンがわかる。顧客はセールスマンの鏡である」という甲州さんの言葉が思い出されます。お会いした皆さん一人一人が、まさに甲州さんの鏡でした。

インタビューの大半は、リクルート時代からの甲州さんの後輩で、現在はプルデンシャル生命の支社長を務めるTさんとの二人三脚でおこないました。Tさんは昨年、かつて甲州さんの執務ブースが置かれていた場所に支社長室をしつらえました。その工事の際、パーテーションの隙間からコロコロとゴルフボールが転がって出てきたそうです。そのボールとTさんは毎日、南に大きく開いた窓から、甲州さんが見上げていたのと同じ空に見守られています。

本書は、甲州さんを採用されたS本部長と奥さま、私の担当ライフプランナーでもあるK支社長をはじめ、立教高校野球部OBの皆さん、JTB、リクルート、プルデンシャル生命における上司や同僚や後輩やゴルフ仲間の皆さん、仕事を超えた親友のかたがた、甲州さんのご契約者のかたがたの協力と励ましにより完成に至ったものです。私事ですが、かつて甲州さんの同僚だった妻と、今年古希を迎える母と、ライターの先輩Sさんにも支えられました。

また、プルデンシャル生命本社の担当者Yさん・Kさん・Tさんの温かなお心遣いと、プレジデント社編集の桂木さん・小澤さんの的確なお導きに感謝しております。

なにより、一七年前に取材のために猛吹雪の八戸まで同伴した間柄にすぎない私に、甲州さんの本を書かせてくださった、奥さまとご両親と二人の息子さんに、謝辞をもって本書を捧げます。

甲州賢さんの魂が、少しでも誰かの力になり、生き続けていきますように。

二〇一一年三月　神谷竜太

文庫化のための、あとがき

二〇一六年夏　神谷竜太

本書が刊行されてから、私たちは五年の月日を重ねてきた。

その間、出版元に届いたアンケートハガキのコメント、ネット通販サイト上のレビュー、個人ブログやSNS上に綴られた感想など、数多くの反響を目にした。

「顧客のためにここまでやる甲州賢さんは素晴らしい。自分の仕事にも採り入れたい」

おおむね好意的な意見や感想が大半を占める中で、否定的な声も一部あった。

「誰もが真似できるものではないし、上司は部下に本書のような指導をしてはいけない」

このような捉え方もあるのだろう。ただし、ひとつ、知っておいてほしい。

甲州賢さんは上司の指導によって本書のような顧客志向を徹底したわけではなく、自らの意思と創意工夫によって、自分なりのセールスマインドとスキルを磨いていったのだ。

読者なりにできることだけを真似をし、オリジナリティを磨いていけばいい。その思いは、あるインタビューを通して、より強いものになった。

プルデンシャル生命の営業社員のセールス哲学やセールススキルについてフェイスブックページで定期的に紹介することになり、北海道から九州まで三〇人を超えるトップセールスをなしとげた方たちに会いに行った。すると驚くほど、一人一人の強みや方法論は異なっていたのだ。

そんな中でも、全員に共通していたことがある。

〈自分の弱さを知っているからこそ、強くあろうと必死に努力する姿〉だ。不足にこそヒントがあり、不足が人を成長させるのだと感じさせられた。

本書に登場する甲州さんと関係者たちもまた、大きすぎる穴を見つめ続けながら、自分はどう生きるべきかを問い、行動してきた日々だったに違いない。

本書の読者は営業職だけではなく、来店客と接するサービス職や、患者と接する医療関係者、多くの取引先と接する経営者など、幅広い人たちにわたっていることが印象的だった。今回の文庫化により、もっと多くの人たちを勇気づけ、それぞれの仕事に向き合う上でのヒントとなれば、これほど嬉しいことはない。

本書の主人公が他界してから、七年の月日が過ぎた。

甲州賢さんの志したマインドはこれからも、多くの人たちの心の中で、月日を重ね生き続けていくのだろう。

甲州賢（こうしゅう・まさる）プロフィール

〈学生時代……甲子園を目指す〉

1966年、東京生まれ。小学校5年生のときに野球を始める。中学まではエースで4番のような存在だったが、立教高校野球部で力の差を見せつけられる。1年上には長嶋一茂氏、同学年にはプロ入りしたスラッガーを擁し、甲州が卒業した翌年には甲子園出場も果たすほどレベルの高いチームだった。3年間を控え選手として過ごした挫折経験が、のちのバネになる。

〈大学卒業～24歳……ＪＴＢでセールスと出会う〉

立教大学観光学科を卒業後、旅行会社のＪＴＢに入社。背が高く声も大きな甲州は、入社前研修の時点で早くも存在感を放っていた。修学旅行課に配属され、年の3分の1を占める添乗業務に忙殺されながらも、新規セールスにトライし、私立女子校の海外修学旅行という超大型受注を決めてくる。

〈転職～32歳……リクルートでセールス力を伸ばす〉

セールスで自分の力をもっと試してみたいと考え、ＪＴＢを2年で退職してリクルートへ。求人情報誌部門で新設されたばかりの、新規開拓専門の部署に配属される。20代中心という若い社員たちを鍛え上げてくれる環境だった。29四半期連続で目標達成を果たし、数々の社内表彰を受ける。また、同年齢の約900人中、最速で課長職に昇進した。

〈ヘッドハンティング～42歳
……プルデンシャル生命でセールス道を極める〉

32歳の秋、ヘッドハンティングを受けたプルデンシャル生命へ転職。それまでの栄冠をすべて投げ捨て、一からの再スタートをきる。信頼を得た顧客からまた次の顧客を紹介され一生付き合えるという『つながりのセールス』と、目標を自分で設定できる『貢献＝報酬』という企業文化が肌に合い、次々と契約を重ねる。2005年と2006年には２年連続で社内表彰制度におけるチャンピオン（営業社員約3000人中の第1位）となる。いっぽうで後輩の育成にも力を尽くした。社内のトレーナー制度に名乗りを上げたほか、若手を対象にした自主勉強会も主宰する。

2009年初夏、急逝。自宅で眠るように息をひきとる。享年42歳。

〈ある講演から……他のセールスマンとどう違うのか？〉

甲州が某百貨店の外商部でおこなったセミナーの質疑応答に、こんなやりとりがある。「甲州さんは他の営業マンとどこが違うのですか？」「知識や技術的なことはなにも違いませんよ。ただひとつ、本気度が違うんです」

神谷竜太（かみや・りゅうた）
　ライター。長野市生まれ、浦和・世田谷・秋田・盛岡・金沢・新潟・渋谷育ち。三つの広告会社を経て独立。おもに（株）リクルートの制作物に携わるなかで、さまざまな仕事や人と出会う。※甲州賢氏もその一人。
　この数年はリクルーティングのサイトや冊子、ＣＳＲレポートなどを制作する他、合併・分社・再建にともなう案件に参加。企業文化の共有や、企業理念の再構築をはかるための企画・取材・編集・執筆をおこなってきた。
　いっぽうで、仕事・仲間・家族をテーマとしたインタビューを軸に、物語をつむぐ執筆活動をしている。

―――本書のプロフィール―――

本書は、二〇一一年五月にプレジデント社より単行本として刊行された同名作品を改稿して文庫本化したものです。

小学館文庫プレジデントセレクト

好評発売中！

消費税・景気対策・憲法改正・TPP…
日本の〝現在〟〝未来〟を一刀両断！

日本の論点

ビジネスマンならこのレベルの「知識」を持ちなさい！　ニュースをインテリジェンスで捉えるために必要なこととは？　時代に通底する問題点を、日本一のコンサルタントがわかりやすく解説する。

大前研一 著

大前研一
Kenichi Ohmae / Global Perspective and Strategic Thinking
日本の論点
「消費税」
「憲法改正」
「景気対策」
「TPP」…
シリーズ累計19万部の大人気本
『大前研一 日本の論点』の第一弾が
ついに文庫として登場！
小学館文庫プレジデントセレクト

定価：本体630円＋税
ISBN978-4-09-470001-5

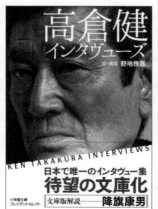

小学館文庫プレジデントセレクト

プロフェッショナル セールスマン

編著 神谷《かみや》 竜太《りゅうた》

二〇一六年九月十一日 初版第一刷発行

発行人 菅原朝也
発行所 株式会社 小学館
〒一〇一-八〇〇一
東京都千代田区一ツ橋二-三-一
電話 販売〇三-五二八一-三五五五
編集(プレジデント社)
〇三-三二三七-三七三二
印刷所———大日本印刷株式会社

この文庫の詳しい内容はインターネットで24時間ご覧になれます。
小学館公式ホームページ http://www.shogakukan.co.jp

ISBN978-4-09-470010-7